Table des matières

Conseils pour l'enseignement

Éveiller l'intérêt des élèves

Aidez les élèves à mieux comprendre et apprécier les divers concepts en mettant à leur disposition, dans un coin de la classe, des livres informatifs, des images et des collections reliés aux sujets étudiés qui les encourageront dans leur apprentissage.

Activité « Ce que je pense savoir/ Ce que j'aimerais savoir »

Présentez chaque module de sciences en demandant aux élèves ce qu'ils pensent savoir et ce qu'ils aimeraient savoir du sujet. Cette activité peut être faite en groupe classe (au moyen d'un remue-méninges), en petits groupes ou individuellement. Une fois que les élèves ont pu répondre aux questions, rassemblez l'information trouvée afin de créer un tableau de classe que vous pourrez afficher. Tout au long de l'apprentissage, évaluez les progrès que font les élèves afin d'atteindre leur objectif, pour ce qui est des connaissances qu'ils veulent acquérir, et afin de confirmer ce qu'ils pensent savoir.

Vocabulaire

Notez, sur une feuille grand format, le nouveau vocabulaire relié au sujet étudié, afin que les élèves puissent s'y reporter. Encouragez les élèves à utiliser ce vocabulaire spécialisé. Classez les mots dans les catégories noms, verbes et adjectifs. Invitez aussi les élèves à concevoir leur propre dictionnaire de sciences dans leur cahier d'apprentissage.

Cahier d'apprentissage

Un cahier d'apprentissage permet à chaque élève d'organiser ses réflexions et ses idées au sujet des concepts de sciences présentés et étudiés. L'examen de ce cahier vous aide à choisir les activités de suivi qui sont nécessaires pour passer en revue la matière étudiée et pour clarifier les concepts appris.

Un cahier d'apprentissage peut contenir :

• des conseils de l'enseignante ou enseignant
• des réflexions de l'élève
• des questions soulevées
• des liens découverts
• des schémas et images avec étiquettes
• les définitions des nouveaux mots

De quoi les plantes ont-elles besoin?

Pour croître et survivre, les plantes ont besoin :

D'air : Les plantes ont besoin d'air, tout comme toi. L'air entre dans ton corps par ton nez et ta bouche. L'air peut entrer dans une plante par toutes ses parties.

D'eau : Toutes les espèces de plantes ont besoin d'eau. C'est la pluie qui fournit l'eau aux plantes qui poussent à l'extérieur. Les plantes d'intérieur doivent être arrosées. Il faut aussi arroser les jardins lorsqu'il n'y a pas suffisamment de pluie.

De lumière : La lumière solaire fournit de l'énergie aux plantes. Certaines plantes ont besoin de plus de lumière solaire que d'autres. Certaines plantes peuvent pousser dans l'ombre. D'autres ont besoin de beaucoup de lumière solaire.

De chaleur : Toutes les plantes ont besoin de chaleur. Les plantes des jardins ne poussent pas l'hiver parce qu'il fait trop froid. Certaines plantes poussent bien dans des endroits très chauds, comme un désert. D'autres plantes poussent bien dans des endroits chauds, mais pas trop chauds.

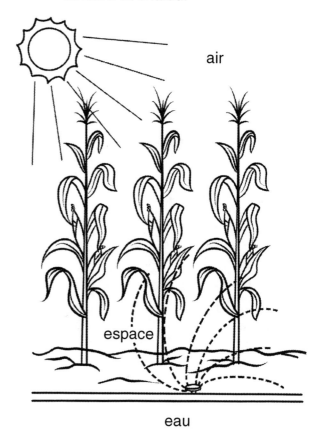

lumière et chaleur

air

espace

eau

D'espace : Une plante a besoin de suffisamment d'espace pour pousser. Ses racines ont besoin d'espace pour s'étendre dans le sol. Si plusieurs plantes poussent trop près les unes des autres, elles n'obtiendront peut-être pas assez de lumière, d'eau ou d'éléments nutritifs.

Dans de nombreuses fermes, les plants sont placés en rangées dans les champs. Les rangées sont suffisamment éloignées les unes des autres pour que leurs racines puissent s'étendre. Les plants ne sont pas trop rapprochés et peuvent obtenir suffisamment de lumière.

« De quoi les plantes ont-elles besoin? » – Penses-y!

1. Une plante a besoin de certains des éléments dont une personne a besoin. Dans le tableau ci-dessous, marque d'un « X » les éléments dont les plantes ont besoin et les éléments dont les personnes ont besoin. La réponse est déjà donnée pour le premier élément.

	Plantes	Personnes
Eau	X	X
Sommeil		
Air		
Sol		
Chaleur		

2. Pourquoi un grand nombre de plantes d'intérieur poussent-elles bien près d'une fenêtre?

_____

_____

_____

3. Une grosse plante ne pousse pas bien dans un petit pot. Pourquoi?

_____

_____

_____

_____

4. Nomme une espèce de plante que tu aimes. Dis pourquoi tu l'aimes.

_____

_____

_____

_____

Les parties d'une plante

Lis le tableau pour connaître les parties d'une plante.

Partie	Que fait cette partie?
Racine	Les racines s'étendent dans le sol et y puisent des éléments nutritifs et de l'eau pour la plante. Les racines ancrent bien la plante pour empêcher le vent de l'emporter.
Tige	La tige transporte les éléments nutritifs et l'eau des racines au reste de la plante. Elle sert aussi de support à la plante.
Feuille	Les feuilles produisent la nourriture pour la plante. Le Soleil leur donne l'énergie dont elles ont besoin pour le faire.
Fleur	Les fleurs produisent des fruits et des graines qui permettent à de nouvelles plantes de pousser. Les graines sont habituellement à l'intérieur du fruit. Mais les graines de la fraise sont à l'extérieur.

Penses-y!

1. Identifie les parties de la plante.

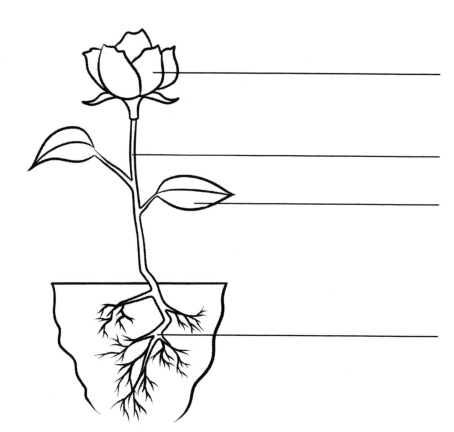

Trouve les réponses aux devinettes.

2. Je transporte les éléments nutritifs et l'eau, des racines au reste de la plante.

Quelle partie de la plante suis-je? _____

3. Tu ne peux pas me voir parce que je suis dans le sol.

Quelle partie de la plante suis-je? _____

4. À cause de moi, une plante produit des graines.

Quelle partie de la plante suis-je? _____

5. Nous sommes deux parties d'une plante. Sans nous, la plante n'obtiendrait pas de nourriture.

Quelles parties de la plante sommes-nous? _____ et _____

6. Je suis la partie de la plante qui produit des fruits.

Quelle partie de la plante suis-je? _____

7. Chez le tournesol, je suis très grande. Chez le pissenlit, je suis plus courte.

Quelle partie de la plante suis-je? _____

8. Je suis la partie la plus colorée d'un grand nombre de plantes.

Quelle partie de la plante suis-je? _____

Les parties d'une fleur

Que font les diverses parties d'une fleur?

Les sépales : Une fleur est d'abord un bouton floral. L'extérieur du bouton est formé de petites feuilles vertes appelées « sépales ». Les sépales protègent la fleur pendant qu'elle grandit. Quand la fleur s'ouvre, tu peux voir les sépales en dessous.

Les pétales : Certaines fleurs ont de gros pétales, et d'autres en ont de petits. Les pétales sont souvent de couleurs vives. Les pétales peuvent attirer les oiseaux et les insectes vers la fleur.

Le pistil : Le pistil se trouve au centre de la fleur. Les graines se forment dans sa partie la plus épaisse, à la base.

Les étamines : Les étamines sont longues et minces. Elles poussent autour du pistil. La partie supérieure d'une étamine produit une poudre appelée « pollen ». Lorsque le pollen atteint le sommet du pistil, une graine se forme dans le pistil.

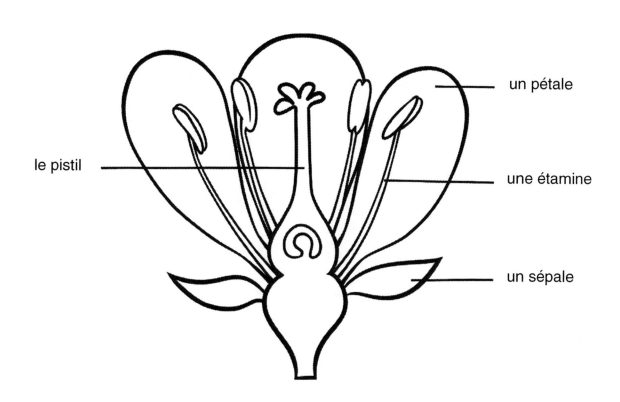

le pistil

un pétale

une étamine

un sépale

La production de graines

Une fleur produit des graines, avec l'aide du pollen. Le pollen doit passer de l'étamine au pistil. Comment cela se produit-il? Le vent peut transporter le pollen de l'étamine au pistil. Les insectes peuvent le faire aussi. Lorsqu'un insecte se pose sur l'étamine, le pollen colle à ses pattes. Si l'insecte survole ensuite le pistil, le pollen peut s'y déposer. La pollinisation se produit quand le pollen se dépose sur le sommet du pistil.

Penses-y!

1. Combien de chaque partie une fleur a-t-elle? Encercle la bonne réponse.

Pétale	un	plus d'un
Sépale	un	plus d'un
Étamine	une	plus d'une
Pistil	un	plus d'un

2. Complète les phrases.

Les fleurs produisent une poudre appelée _____. La poudre se trouve au sommet

d'une _____. Une fleur peut produire des _____

quand le pollen se dépose sur le sommet du _____.

3. Des pétales aux couleurs vives peuvent attirer les insectes. Comment les insectes aident-ils les fleurs?

_____

_____

_____

_____

_____

_____

Le cycle de vie d'une plante

Voici le cycle de vie d'une plante qui produit un fruit contenant des graines.

1. Une graine est arrosée. Une minuscule pousse sort de la graine.

2. Des racines commencent à s'étendre dans le sol. La tige pousse
au-dessus du sol. On l'appelle « germe ».

3. La tige du germe s'allonge et des feuilles apparaissent.
Le germe est devenu un jeune plant.

4. Avec le temps, la plante devient plus grosse. D'autres feuilles poussent.
La plante est devenue un plant adulte. Elle peut maintenant produire des fleurs.

5. Chaque fleur se change en un fruit qui contient des graines.
Le fruit tombe et pourrit. Les graines ne pourrissent pas.
Le sol finit par les recouvrir.

Faits au sujet de la graine

Une graine produit toujours le même type de plante que celle qui a produite la graine.
La graine d'une orange produira toujours un oranger.

Une plante peut produire plusieurs graines. Pourquoi les plantes produisent-elles autant
de graines? Certaines des graines n'arriveront pas à produire un plant adulte. En voici
deux raisons :

• La graine tombe sur un sol rocheux où elle ne peut pas germer.

• La graine tombe sur un sol sec. Elle n'a pas assez d'eau pour germer.

« Le cycle de vie d'une plante » - Penses-y!

1. Identifie les étapes du cycle de vie dans le schéma. Sers-toi des mots ci-dessous.

plant adulte   **jeune plant**   **graine**   **germe**   **plante avec fruit**

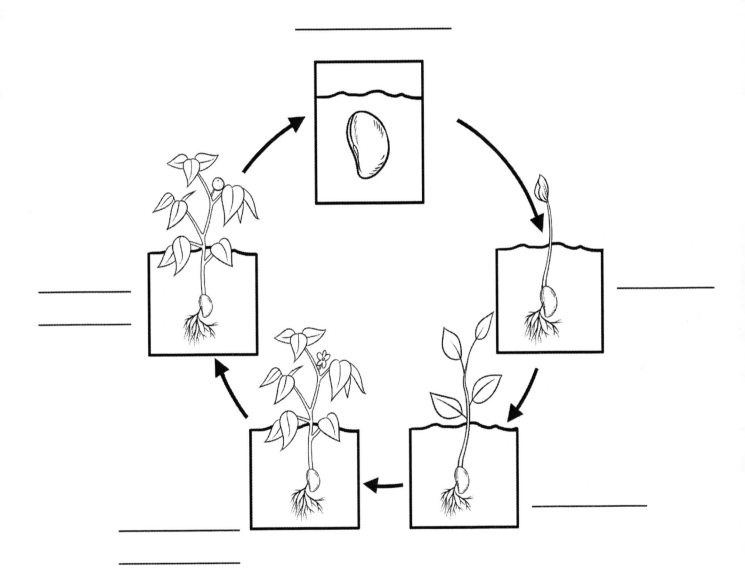

2. Explique le cycle de vie d'une plante à une ou un partenaire. Explique comment la plante produit un fruit contenant des graines. Regarde le schéma si tu as besoin d'aide.

Expérience : Observer des graines qui poussent

Combien de temps faut-il pour qu'une graine germe? Tente cette expérience pour le savoir.

Tu as besoin :

- d'un gobelet de plastique transparent
- d'un haricot rouge
- d'un pois chiche
- d'eau
- de terreau
- d'une règle
- de ruban-cache

Marche à suivre :

1. Fais tremper le haricot rouge et le pois chiche dans l'eau pendant la nuit.

2. Remplis le gobelet à moitié de terreau.

3. Place le haricot rouge à la surface du terreau et pousse-le contre la paroi du gobelet.

4. Place le pois chiche à la surface du terreau et pousse-le contre l'autre paroi du gobelet.

5. Ajoute d'autre terreau. Laisse au moins 3 cm entre le terreau et le haut du gobelet.

6. Sers-toi de ruban-cache pour identifier les graines. Colle les étiquettes près du haut du gobelet, là où il n'y a pas de terreau.

7. Verse un peu d'eau sur le terreau. Attention, n'en verse pas trop!

8. Place le gobelet dans un endroit chaud et ensoleillé. Arrose le terreau un peu chaque jour.

9. Observe les graines chaque jour. Note ce que tu vois.

« Expérience : Observer des graines qui poussent » - Penses-y!

Fais une prédiction

1. Combien de jours faudra-t-il pour que les racines du haricot rouge apparaissent? _____

2. Combien de jours faudra-t-il pour que les racines du pois chiche apparaissent? _____

3. Combien de jours faudra-t-il pour que le haricot devienne un germe (quand la tige sort du sol)?

_____

4. Combien de jours faudra-t-il pour que le pois chiche devienne un germe? _____

Réfléchis

5. Tu as placé le gobelet dans un endroit chaud et ensoleillé. Pourquoi est-ce important?

_____

_____

_____

_____

_____

_____

6. Les haricots rouges et les pois chiches sont des graines que les gens mangent. Quelles autres graines les gens mangent-ils? Nommes-en au moins quatre.

_____

_____

_____

_____

_____

_____

« Expérience : Observer des graines qui poussent » - Notes

Fais des copies de cette page afin de pouvoir dessiner et écrire ce que tu vois. N'oublie pas de vérifier tes prédictions.

Date :

Dessin du haricot rouge	Dessin du pois chiche

Notes :

Date :

Dessin du haricot rouge	Dessin du pois chiche

Notes :

L'énergie

Tous les êtres vivants ont besoin d'énergie. Les plantes ont besoin d'énergie pour grandir et pour produire des fleurs et des fruits. Les humains et les animaux ont besoin d'énergie pour grandir et pour bouger.

Comment les plantes, les animaux et les gens obtiennent de l'énergie

Les plantes obtiennent de l'énergie du Soleil. Elles utilisent l'énergie du Soleil pour fabriquer leur nourriture. La nourriture fournit à la plante l'énergie dont elle a besoin pour grandir.

Les humains et les animaux ne peuvent pas obtenir de l'énergie du Soleil. Les plantes contiennent de l'énergie qu'elles ont obtenue du Soleil. Les humains et les animaux peuvent manger des plantes pour obtenir de l'énergie.

Beaucoup d'humains et quelques animaux obtiennent de l'énergie en mangeant de la viande. La viande vient des animaux. Par exemple, les humains mangent du bœuf qui vient des vaches. Les vaches contiennent de l'énergie qu'elles ont obtenue en mangeant des plantes comme l'herbe. L'herbe a obtenu de l'énergie du Soleil. Toute cette énergie vient, à l'origine, du Soleil.

Le Soleil fournit de l'énergie à l'herbe.	**L'herbe fournit de l'énergie à la vache.**	**La vache fournit de l'énergie à la personne qui mange du bœuf.**

Un faucon mange des serpents. Les serpents ne mangent pas de plantes, mais ils mangent de petits animaux qui ont mangé des plantes. Regarde ci-dessous pour voir comment l'énergie fournie par le Soleil se rend jusqu'au faucon.

Soleil ➔ plantes ➔ petit animal ➔ serpent ➔ faucon

« Comment les plantes, les animaux et les gens obtiennent de l'énergie » - Penses-y!

1. Tous les aliments contiennent de l'énergie. D'où provient l'énergie au départ?

_____

_____

_____

2. De quelles façons les plantes utilisent-elles l'énergie?

_____

_____

_____

3. De quelles façons les humains utilisent-il l'énergie? Nomme deux façons.

_____

_____

_____

4. Comment l'énergie provenant du Soleil se rend-elle jusqu'à la vache?

_____

_____

_____

5. Les fruits et les légumes proviennent de plantes. Ils contiennent de l'énergie que la plante a obtenue du Soleil. Écris les noms de quatre fruits et de quatre légumes que les gens mangent.

Fruits	Légumes

Les graines se dispersent

Les graines peuvent se disperser loin de la plante qui les a produites. Imagine ce qui arriverait si toutes les graines germaient tout près les unes des autres. Les plantes seraient beaucoup trop rapprochées et n'auraient pas suffisamment d'eau, de lumière et d'espace pour bien pousser. Il est bon que les graines se dispersent. Elles ont plus de chances de trouver un bon endroit où germer.

Comment les animaux aident-ils les graines à se disperser?

Voici quelques façons dont les animaux aident les graines à se disperser.

Le fumier : Les animaux mangent des fruits qui contiennent des graines. Les graines sortent du corps des animaux dans leurs excréments (appelés « fumier »). Les graines mettent un certain temps à traverser le corps d'un animal. Le fumier peut donc tomber loin de la plante qui a produit le fruit.

Les cachettes : Certains animaux cachent des fruits et des noix qu'ils voudront manger plus tard. (Les noix sont des graines. La noix à l'intérieur d'une coque d'arachide est une graine.) Un écureuil trouve une noix, par exemple. Il la transporte ailleurs et l'enterre. S'il ne revient pas la chercher, la noix pourrait produire une plante.

une bardane

Les crochets : Certains fruits et graines sont couverts de petits crochets. Un exemple en est la bardane. (Tu as peut-être déjà vu des bardanes accrochées à ton pantalon ou tes souliers.) Les crochets de la bardane se fixent au poil d'un animal. La graine est donc emportée par l'animal jusqu'à ce qu'elle tombe. Elle peut tomber très loin de la plante qui l'a produite.

« Les graines se dispersent » - Penses-y!

1. Chaque graine de pissenlit est fixée à un petit parachute duveteux. Comment le vent aide-t-il la graine de pissenlit à se disperser?

des graines de pissenlit

_____

_____

_____

_____

_____

2. Les graines d'érable sont enfermées dans de petites ailes. Parfois, les ailes forment une paire. Les graines tombent lentement au sol en tournant. Comment le vent peut-il aider les graines d'érable à se déplacer?

des graines d'érable

_____

_____

_____

_____

3. Comment les gens aident-ils les graines à se disperser?

_____

_____

_____

_____

_____

_____

_____

L'entraide

Voici certaines façons dont les plantes et les animaux s'entraident.

Les plantes fournissent de la nourriture qui procure de l'énergie aux animaux. Les animaux mangent la nourriture, puis laissent du fumier sur le sol. Le fumier est un engrais qui aident les plantes à pousser.

Les plantes produisent des fruits que les animaux mangent. Ces fruits contiennent des graines. Les graines sortent du corps des animaux dans le fumier. Les animaux laissent le fumier à divers endroits. Cela permet aux graines de se disperser un peu partout.

Les animaux ont besoin d'oxygène. L'oxygène est dans l'air. Les animaux se procurent de l'oxygène en respirant. Ils rejettent du dioxyde de carbone dans l'air lorsqu'ils expirent.

Les plantes ont besoin du dioxyde de carbone que les animaux rejettent dans l'air en expirant. Les plantes relâchent de l'oxygène dans l'air.

Les plantes aident les gens

Les plantes aident les gens aussi. Voici quelques exemples :

- Les gens obtiennent de l'énergie des plantes qu'ils mangent. Les gens mangent aussi des animaux qui mangent des plantes.
- Les gens ont besoin de respirer l'oxygène que les plantes produisent.
- Les gens fabriquent des choses utiles à partir des plantes. Le coton est une plante utilisée pour confectionner des vêtements. Beaucoup de remèdes viennent de plantes. Les arbres fournissent du bois pour la fabrication de papier et de meubles.

« L'entraide » - Penses-y!

Complète les phrases en te servant de ces mots :

animaux   gens   plantes

1. Les oiseaux se servent de branches pour construire leurs nids.

C'est une façon dont les _____ aident les _____.

2. Les arbres fournissent de l'ombre qui aide à garder les maisons fraîches en été.

C'est une façon dont les _____ aident les _____.

3. Les buissons fournissent des cachettes aux oiseaux.

C'est une façon dont les _____ aident les _____.

4. Les gens arrosent et fertilisent leurs jardins.

C'est une façon dont les _____ aident les _____.

5. Une corde peut être utilisée de diverses façons. La corde peut être faite à partir de plantes.

C'est une façon dont les _____ aident les _____.

6. Les insectes se posent sur les fleurs. Ils transportent le pollen des étamines jusqu'au sommet du pistil. Les plantes peuvent ainsi produire des graines.

C'est une façon dont les _____ aident les _____.

7. Parfois, les plantes sont trop rapprochées. Les animaux mangent certaines des plantes. Les plantes qui restent peuvent mieux pousser.

C'est une façon dont les _____ aident les _____.

Cultiver des plantes alimentaires

Voici quatre endroits où les gens cultivent des plantes alimentaires.

Les fermes

Les fermes ont de vastes champs où des plantes peuvent pousser. De nombreuses fermes au Canada cultivent le maïs, le blé et l'avoine. Beaucoup des céréales qu'on mange pour déjeuner contiennent de l'avoine. Le maïs sert de nourriture et est aussi utilisé dans la fabrication d'autres produits.

Les vergers

La plupart des espèces de fruits poussent dans des arbres. Un verger est un terrain planté d'arbres. On trouve des pommiers et des pêchers dans beaucoup de vergers au Canada. Dans certains vergers, on trouve des arbres ou des buissons qui produisent des noix. Les noix de Grenoble poussent dans des arbres. Les arachides poussent dans des buissons.

Les serres

Les serres sont des constructions dont le toit et les murs sont en verre. Tout ce verre laisse pénétrer la lumière du soleil. Les plantes qui poussent à l'intérieur reçoivent dont beaucoup de lumière. La lumière du soleil fournit aussi la chaleur dont les plantes ont besoin pour pousser.

Il fait chaud à l'intérieur des serres. Il est donc possible de faire pousser des plantes, même par temps froid. Les tomates, les concombres, les poivrons et la laitue sont des types de plantes alimentaires qui poussent dans les serres du Canada.

Les potagers

Beaucoup de gens font pousser des plantes alimentaires dans un potager. Ils font pousser des carottes, des tomates, de la laitue et des haricots verts. Les légumes provenant d'un potager sont beaucoup plus frais que les légumes achetés à l'épicerie. Cultiver ses propres légumes est aussi très amusant.

« Cultiver des plantes alimentaires » - Penses-y!

1. Les arbres d'un verger sont plantés à une bonne distance les uns des autres. On le voit quand les arbres sont très jeunes. Pourquoi est-il important de planter les arbres de cette façon?

_____

_____

_____

_____

2. Comment les serres nous permettent-elles d'avoir des légumes en hiver?

_____

_____

_____

_____

3. Pourquoi les légumes d'un potager sont-ils plus frais que ceux d'une épicerie?

_____

_____

_____

_____

4. Parmi les aliments provenant de plantes, lesquels sont tes préférés?

_____

_____

_____

_____

Les parties d'une plante - J'ai mangé ça?

Les gens mangent beaucoup de plantes, mais sais-tu quelle *partie* d'une plante tu manges? Cela pourrait t'étonner d'apprendre que le céleri est une tige. Pour chaque légume ou fruit, nomme la partie de la plante que tu manges.

la tige   la fleur   la graine   le bulbe   la feuille   la racine   le fruit

le chou-fleur _____

l'oignon _____

la laitue _____

la poire _____

le melon _____

la betterave _____

le pois _____

le citron _____

la courgette _____

le maïs _____

la carotte _____

l'aubergine _____

l'asperge _____

la pomme _____

Quelles plantes aimes-tu manger? _____

_____

Conçois un jeu de plateau sur les plantes

Tu as besoin :

- de ciseaux   • de deux dés   • de matériel de coloriage
- de colle   • de papier de bricolage
- d'un plateau pour ton jeu, comme un gros morceau de carton épais, une boîte à pizza propre ou une chemise de classement

Marche à suivre :

1. Choisis le plateau de ton jeu.

2. Dessine le trajet que les pions suivront. Tu peux choisir un trajet en forme de U, de L, de carré ou d'ovale. Ton trajet devrait contenir au moins 50 cases.

3. Ajoute des espaces où tu placeras les cartes de questions, faites de papier épais. Écris (en lettres moulées ou en écriture cursive) des questions sur les cartes et des instructions dans certaines des cases du plateau.

4. Joue toi-même à ton jeu pour t'assurer qu'il n'est pas trop difficile ou que le plateau comporte suffisamment de cases.

5. Pour les pions, découpe de petits personnages dans du papier ou sers-toi d'autres petits objets.

6. Fais de beaux dessins colorés sur le plateau pour montrer que son thème est le monde des plantes.

7. Écris les règles du jeu.

Règles du jeu

- Comment les joueurs se déplacent-ils sur le plateau? Voici quelques idées :
  - en lançant les dés
  - en tirant une carte et en répondant à une question
  - en suivant les instructions dans les cases du plateau
- Y a-t-il une pénalité pour une mauvaise réponse?
- Combien peut-il y avoir de joueurs?

Idées pour les questions

Écris des questions au sujet des plantes pour mettre les connaissances des joueurs à l'épreuve. Crée diverses catégories :

- vrai ou faux
- explication
- choix multiple

Idées pour les cases

- passe un tour
- recule de 5 cases
- lance de nouveau les dés

Interrogation sur les plantes

Sers-toi des indices pour trouver les bons mots.

1. Trois parties d'une plante à fleurs. Elles commencent toutes par un **F**.

_____ _____ _____

2. Deux parties d'une fleur qui commencent par un **P**.

_____ _____

3. Deux étapes du cycle de vie d'une plante. Les deux commencent par **G**.

_____ _____

4. Quelque chose que les animaux produisent et qui aide les graines à se disperser.

Le mot commence par un **F**. _____

5. Deux choses qui commencent par un **F**. L'une est produite par la fleur. L'autre est un

endroit où on cultive des plantes.

_____ _____

6. Deux choses dont les plantes ont besoin pour bien pousser. Les deux commencent

par un **E**. _____ _____

7. Deux choses qui poussent sur de nombreuses plantes. Les deux commencent par un **F**.

_____ _____

8. Les plantes l'obtiennent du Soleil. Les gens et les animaux peuvent l'obtenir des

plantes. Le mot commence par un **E**. _____

9. Deux endroits où on peut faire pousser des plantes alimentaires. Les deux finissent

par **ER**. _____ _____

Que peuvent faire les forces?

Les forces peuvent faire bouger un objet

Un ballon de soccer a été posé sur le sol. Le ballon ne bougera pas par lui-même. Peux-tu faire bouger le ballon? Oui, en lui donnant un coup de pied.

Tu veux sortir des bas d'un tiroir. Comment ouvres-tu le tiroir? Tu tires la poignée.

Pour bouger, les objets ont besoin d'une force. Tu donnes un coup de pied sur un ballon (poussée). Tu tires une poignée avec ta main (traction). La poussée et la traction sont deux types de forces. Les forces font bouger les choses.

Tu utilises la *force musculaire* pour pousser et tirer.

Les forces peuvent arrêter un objet

Les forces peuvent arrêter les objets. Un chariot d'épicerie roule sur une pente. Tu peux l'arrêter en attrapant la poignée. Ou tu peux te placer devant et pousser dessus. La poussée et la traction sont deux types de forces. Tu peux arrêter un objet en le poussant ou en le tirant.

Qu'est-ce que les forces peuvent faire d'autre?

Changer la vitesse : Les forces peuvent changer la vitesse d'un objet. Tu pousses une voiture jouet pour la faire bouger. Pour la faire avancer plus vite, tu pousses plus fort. Tu peux utiliser la force pour changer la vitesse d'un objet. La deuxième poussée accélère le mouvement de la voiture.

Changer de direction : Les forces peuvent faire changer un objet de direction. Pour faire changer de direction une balle de baseball, tu la frappes avec un bâton. Le lanceur te lance la balle. Quand tu la frappes, tu la pousses avec ton bâton. La balle change de direction et s'éloigne de toi.

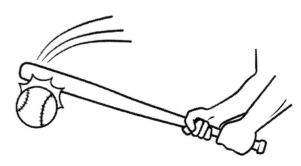

« Que peuvent faire les forces? » - Penses-y!

Quel type de force utilises-tu pour chacune des actions ci-dessous? Écris **poussée** ou **traction** à côté de chacune.

1. Cueillir une pomme dans un arbre. _____

2. Activer une sonnette à la porte. _____

3. Lancer une balle. _____

4. Ouvrir une fermeture éclair. _____

Lis cette histoire :

Tanya attache une laisse au collier de son chien Cannelle pour aller faire une promenade. Dehors, Cannelle se met à courir sur le trottoir. Il entraîne Tanya avec lui. Bientôt, Tanya est fatiguée de courir. Elle retient Cannelle en tirant la laisse. Puis Cannelle voit un écureuil et se lance à sa poursuite. Il tire Tanya loin du trottoir et lui fait traverser à la course le jardin de M. Lee.

5. Quels sont les types de forces dans cette histoire? Donne deux exemples.

_____

_____

6. Une force peut changer la vitesse de quelque chose. Donne deux exemples tirés de l'histoire.

_____

_____

7. La force de traction fait changer de direction quelque chose qui bouge. Donne un exemple tiré de l'histoire.

_____

_____

La force gravitationnelle

La gravité est une force qui fait tomber les objets. La gravité est une force de traction. Elle attire les objets vers le sol. La gravité empêche les objets de flotter dans les airs. Elle les retient.

Rappelle-toi ces quatre choses que peuvent faire les forces :

1. faire bouger un objet

2. arrêter un objet

3. changer la vitesse d'un objet

4. faire changer de direction un objet qui bouge

La force gravitationnelle peut faire la même chose.

La gravité fait bouger un objet : Si tu lâches une balle, elle tombe sur le sol. Tu n'as pas besoin de la pousser pour la faire tomber. La gravité fait bouger la balle.

La gravité arrête un objet : Si tu lances une balle en l'air, elle va vite retomber. Avant de retomber, elle va s'arrêter dans les airs. Elle s'arrête pendant un très court instant. Tu ne la vois pas s'arrêter. La gravité arrête une balle qui montait.

La gravité change la vitesse d'un objet qui bouge : Quand un objet tombe, il se déplace de plus en plus vite en se rapprochant du sol. La gravité fait bouger les objets plus vite, à mesure qu'ils se rapprochent de la Terre.

La gravité fait changer de direction un objet qui bouge : Si tu lances une balle à une amie qui se tient loin de toi, la balle se met à tomber. Elle change de direction. La gravité fait changer la balle de direction.

« La force gravitationnelle » - Penses-y!

1. Comment la gravité te fait-elle descendre une glissoire?

_____

_____

2. Quand tu descends une glissoire, te déplaces-tu plus vite près du sommet ou près du bas? Explique ta réponse.

_____

_____

_____

_____

_____

3. Dans l'espace, il y a peu de gravité. Que se produit-il si tu verses du jus dans un verre dans l'espace?

_____

_____

_____

_____

_____

4. Imagine que tu te promènes à vélo. Comment la gravité t'aide-t-elle à te déplacer?

_____

_____

_____

_____

La force des aimants

Les aimants ont une *force magnétique*. La force magnétique peut repousser ou attirer un objet sans le toucher.

Qu'est-ce que les aimants repoussent?

Les aimants peuvent repousser d'autres aimants. Un aimant a deux extrémités : un pôle nord et un pôle sud.

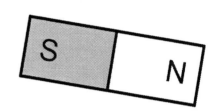

Le pôle nord d'un aimant repousse le pôle nord d'un autre aimant. Le pôle sud d'un aimant repousse le pôle sud d'un autre aimant.

Qu'est-ce que les aimants attirent?

Il existe divers types de métal. Le fer et le nickel sont deux types de métal. Un aimant exerce une force d'attraction sur le fer et le nickel. Le métal attire les aimants.

Deux aimants peuvent aussi s'attirer l'un l'autre. Le pôle nord d'un aimant attire le pôle sud d'un autre aimant.

Pourquoi les aimants se collent-ils au métal?

Un aimant continue d'attirer un objet de métal, même quand il le touche. Un aimant ne tombe pas d'une porte de réfrigérateur. La force d'attraction le colle à la porte.

« La force des aimants » - Penses-y!

Regarde chaque paire d'aimants. Le **N** indique le pôle nord de chaque aimant. Le **S** indique le pôle sud. Les aimants vont-ils s'attirer ou se repousser? Écris ta réponse dans chaque case.

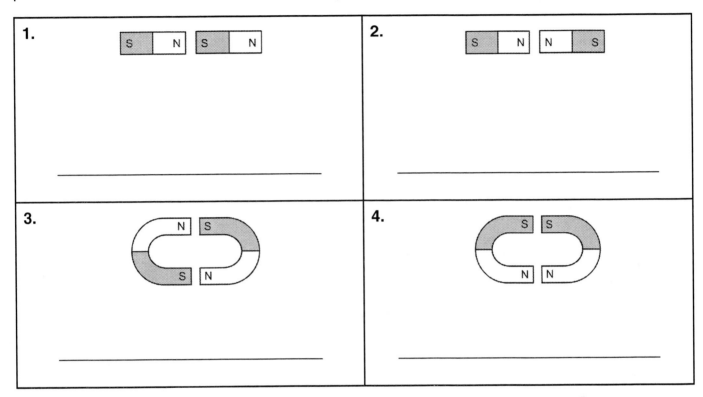

Pablo fait rouler une petite boule de fer près d'un aimant. La ligne pointillée indique la direction que prend la boule.

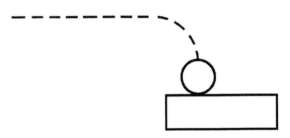

5. Que démontre l'expérience de Pablo? Fais un crochet à côté de chaque bonne réponse.
   (Il peut y avoir plus d'une bonne réponse.)

   ❏ La force magnétique peut faire bouger un objet.

   ❏ La force magnétique peut arrêter un objet.

   ❏ La force magnétique peut faire changer de direction un objet qui bouge.

La force de friction

Qu'est-ce que la friction?

La friction est une force qui entre en jeu quand deux objets se frottent l'un contre l'autre. Que fait la friction? Elle ralentit les objets.

Imagine que tu es en train de pousser une boîte sur un plancher lisse. La boîte bouge, puis s'arrête. La boîte et le plancher se frotte l'une contre l'autre. Il y a une friction. La friction s'oppose au mouvement. Elle fait ralentir les objets.

surface lisse

Surfaces lisses et rugueuses

Quand deux objets se frottent l'un contre l'autre, leurs surfaces se touchent. La force de friction est plus grande sur une surface rugueuse que sur une surface lisse.

Imagine que tu pousses une voiture jouet sur un plancher dur. Maintenant imagine que tu la pousses sur un tapis. La voiture ralentit sur les deux surfaces, puis s'arrête. Sur quelle surface la voiture va-t-elle aller le plus loin? Pourquoi? La surface du tapis est plus rugueuse que celle du plancher dur. La force de friction est plus grande sur le tapis. Quand la force de friction est plus grande, un objet ralentit plus vite.

surface rugueuse

Des surfaces qui se frottent l'une contre l'autre

Que se produit-il quand deux surfaces différentes se frottent l'une contre l'autre? La force de friction augmente-t-elle?

Quelles surfaces se frottent?	Quelle force de friction?
Une surface rugueuse se frotte contre une surface rugueuse	Une grande force
Une surface rugueuse se frotte contre une surface lisse	Une force moyenne
Une surface lisse se frotte contre une surface lisse	Très peu de force

« La force de friction » - Penses-y!

Sers-toi des exemples ci-dessous pour répondre aux questions 1 et 2.

• Tu fais rouler une bille sur une serviette.

• Tu fais rouler une bille sur une table avec un dessus en verre.

1. Dans quel exemple la friction est-elle la plus forte?

_____

_____

_____

_____

2. Explique pourquoi tu crois que ta réponse à la question 1 est la bonne.

_____

_____

_____

_____

3. Tu frottes deux feuilles de papier ordinaire l'une contre l'autre. Ensuite, tu frottes deux feuilles de papier sablé l'une contre l'autre. Dans quelle situation la friction est-elle la plus forte? Explique ta réponse.

_____

_____

_____

4. Les voitures se déplacent plus vite sur une route revêtue que sur une route de gravier. Comment la friction agit-elle dans ce cas?

_____

_____

_____

Comment la friction nous aide

Comment la friction nous aide-t-elle dans la vie de tous les jours?
Elle nous empêche de glisser.

Sur la glace

des bottes d'hiver

Il peut y avoir beaucoup de glace sur les trottoirs
en hiver. La glace est très lisse. Il est donc facile
de glisser dessus. Si tu glisses sur de la glace, tu
peux tomber et te blesser. Les bottes d'hiver ont
habituellement des semelles rugueuses. Pourquoi?

• Une surface rugueuse qui se frotte contre une
  surface lisse produit une friction moyenne.
• Une surface lisse qui se frotte contre une surface
  lisse produit très peu de friction.

Les semelles rugueuses qui touchent la glace
produisent une friction. La friction ralentit ou arrête le mouvement. Les semelles
rugueuses nous empêchent de glisser sur la glace.

Parfois, les gens mettent du sable sur la glace. Le sable rend la surface de la
glace rugueuse. Il est plus difficile de glisser sur une telle surface.
Le sable produit une friction entre la glace et tes bottes.

des marches de bois

Sur les marches d'escalier

Glisser sur des marches est très dangereux. Tu peux te blesser
gravement si tu tombes dans un escalier.

Les marches d'un escalier sont souvent faites de bois lisse.
Quand tes chaussures se frottent contre le bois lisse, il se peut qu'il n'y ait pas
suffisamment de friction. Tes chaussures peuvent alors glisser sur une marche.

Un tapis peut augmenter la friction dans un escalier. Des bandes d'un matériau
rugueux donnent aussi de bons résultats. La friction accrue empêche les gens
de glisser.

« Comment la friction nous aide » - Penses-y!

1. Réfléchis à ces deux situations. Tu descends l'escalier avec des bas aux pieds. Tu descends l'escalier avec des chaussures aux pieds. Quelle situation est la plus dangereuse? Pourquoi?

   _____

   _____

   _____

   _____

   _____

2. En hiver, beaucoup de voitures sont équipées de pneus d'hiver. Les pneus d'hiver permettent aux gens de conduire dans la neige. Ils aident aussi les voitures à arrêter plus facilement.

   En été, les voitures sont équipées de pneus ordinaires. Quel type de pneu a la surface la plus rugueuse? Le pneu d'hiver ou le pneu ordinaire? Pourquoi?

   _____

   _____

   _____

   _____

   _____

3. Les pneus d'hiver ne sont pas utilisés toute l'année. Au printemps, les gens les remplacent par des pneus ordinaires.

   Pourquoi les pneus d'hiver ne sont-ils pas utilisés toute l'année?

   (Indice : Pense à la friction et à la façon dont elle agit.)

   _____

   _____

   _____

   _____

   _____

Une journée de neige

Encercle les exemples de forces dans cette histoire.

Un samedi matin, Kim est assise à la table. Elle déjeune avec sa mère et son petit frère, Rémi.

Maman verse du lait sur les céréales de Rémi.
« Nous n'avons presque plus de lait, dit maman.
Kim, peux-tu écrire *lait* sur la liste d'épicerie, s'il te plaît? »

Kim tire la liste d'épicerie de dessous l'aimant sur la porte du réfrigérateur.
Elle y écrit *lait*, puis remet la liste sous l'aimant.

« As-tu regardé dehors, Kim? » demande maman. Kim regarde par la fenêtre.
De gros flocons de neige tombent du ciel. Kim ouvre grand les rideaux.
« Il neige! s'exclame-t-elle. C'est la première journée de neige de l'hiver. »

Kim se retourne et glisse sur le plancher en carrelage. Elle porte des bas seulement.

Elle fait semblant de patiner. « Je veux aller patiner », dit-elle.

Rémi essaie de glisser sur le plancher aussi. « Je ne peux pas glisser », dit-il.

« C'est parce que tu portes des chaussures de course, explique Kim. Ces chaussures ont une semelle rugueuse. Tu ne peux pas glisser avec des chaussures de course. »

« Je veux glisser aussi! » dit tristement Rémi.

« Je vais vous amener au parc pour faire du toboggan aujourd'hui, dit maman.
Tu pourras glisser sur les pentes. »

« Hourra! crient Kim et Rémi. Nous allons faire du toboggan! »

Maman prend Rémi dans ses bras et le rassoit sur sa chaise. Elle pousse son bol de céréales vers lui. « Finissons notre déjeuner au plus vite, dit maman. Moi aussi, je veux aller faire du toboggan! »

« Une journée de neige » - Penses-y!

Remplis le tableau. Nomme la force qui agit pour chaque exemple tiré de l'histoire.

force musculaire   **force magnétique**   **gravité**   **friction**

Force	Exemple tiré de l'histoire
1.	Glisser sur une pente en toboggan
2.	Kim ouvre grand les rideaux.
3.	Rémi ne peut pas glisser sur le plancher avec ses chaussures de course.
4.	Un aimant retient la liste d'épicerie sur la porte du réfrigérateur.

Trouve d'autres exemples de forces dans l'histoire.

N'utilise pas les exemples du tableau ci-dessus.

5. Gravité : _____

_____

6. Gravité : _____

_____

7. Force musculaire : _____

_____

8. Force musculaire : _____

_____

Forces de contact et forces agissant sans contact

Qu'est-ce que le contact?

Quand deux objets se touchent, on dit qu'ils sont en contact l'un avec l'autre. Quand ta main touche un livre, elle est en contact avec le livre.

Forces de contact

Certaines forces agissent par le contact. Tu utilises la force musculaire pour pousser et tirer des objets. Si tu veux pousser une voiture jouet sur la table, tu dois être en contact avec la voiture. La force musculaire est une *force de contact*. Pour pousser ou tirer un objet en te servant de tes muscles, tu dois être en contact avec l'objet.

La friction est un autre type de force de contact. Il y a friction quand deux objets se frottent l'un contre l'autre. Les deux objets doivent être en contact l'un avec l'autre. S'il n'y a aucun contact entre les objets, il ne peut pas y avoir de friction.

Forces agissant sans contact

Certaines forces peuvent agir sans contact. Si tu tiens un aimant près d'une épingle, l'épingle va se déplacer vers l'aimant. La force magnétique fait bouger l'épingle sans la toucher. Il n'y a aucun contact entre les deux. La force magnétique peut agir quand il n'y a aucun contact entre deux objets.

Les forces ne nécessitant pas de contact peuvent agir quand deux objets sont séparés l'un de l'autre.

La gravité agit aussi sans contact. La gravité vient de la Terre. Les flocons de neige tombent sur le sol parce que la gravité les attire. La gravité attire les flocons de neige quand les flocons ne sont pas en contact avec la Terre.

« Forces de contact et forces agissant sans contact » - Penses-y!

1. Écris les types de forces ci-dessous dans la colonne appropriée du tableau.

friction   force magnétique   force musculaire   gravité

Forces de contact	Forces agissant sans contact

Sers-toi des images ci-dessous pour répondre à la question 2.

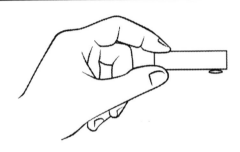

La force magnétique fait qu'un clou reste en contact avec un aimant.

La gravité empêche une roche de flotter dans les airs.

2. Les forces agissant sans contact agissent-elles *seulement* quand il n'y a aucun contact entre des objets? Explique ta réponse.

_____

_____

_____

_____

_____

_____

_____

Expérience : La force électrostatique

As-tu déjà ressenti un choc en marchant sur un tapis? Ce choc est causé par l'électricité statique. Tente cette expérience pour voir ce que peut faire l'électricité statique.

Tu as besoin :

- d'un évier
- d'un peigne en plastique
- de cheveux longs ou de longueur moyenne

Marche à suivre :

1. Ouvre le robinet pour faire couler un mince filet d'eau.

2. Passe le peigne dans tes cheveux au moins dix fois.

3. Rapproche lentement le peigne du filet d'eau. (Ne le laisse pas toucher l'eau.) Observe bien le filet d'eau.

4. Complète les images ci-dessous en dessinant ce que tu as observé. Dessine le filet d'eau.

De quoi le filet d'eau avait l'air avant que j'en approche le peigne	**De quoi le filet d'eau avait l'air après que j'en ai approché le peigne**

« Expérience : La force électrostatique » - Penses-y!

1. Dans cette expérience, l'électricité statique produit-elle une force de traction ou une force de poussée? Comment le sais-tu?

_____

_____

_____

_____

2. L'électricité statique est-elle une force de contact ou une force agissant sans contact? Comment le sais-tu?

_____

_____

_____

_____

3. L'eau réagirait-elle de la même façon si tu utilisais un aimant au lieu d'un peigne? Explique ta réponse.

_____

_____

_____

_____

Fais-en l'expérience!

Découpe un petit morceau de papier d'aluminium en plus petits morceaux. (Tu as besoin de six ou huit très petits morceaux seulement.) Passe le peigne dans tes cheveux au moins dix fois. Rapproche le peigne des morceaux de papier d'aluminium, mais ne le laisse pas toucher les morceaux. Observe ce qui se produit.

Le vent et l'eau

Quand le vent et l'eau se déplacent rapidement, ils exercent une grande force de poussée. Que peut faire cette force de poussée?

Le vent

Le vent est de l'air qui se déplace. Le vent exerce une force de poussée. As-tu déjà été à l'extérieur par une journée très venteuse? Un grand vent peut te pousser si fort que tu en tombes presque.

Les ouragans sont des tempêtes accompagnées de vents puissants. Les vents d'un ouragan peuvent déraciner des arbres et briser des fenêtres. Ils peuvent même arracher le toit d'une maison.

Les tornades sont des tempêtes accompagnées de vents tourbillonnants. Une tornade a la forme d'un entonnoir. Le sommet est large et la base est étroite.

Les vents d'une tornade sont puissants. Les vents de certaines tornades sont si forts qu'ils peuvent détruire une maison. Ils peuvent même retourner une voiture et renverser un lourd camion.

L'eau

Quand l'eau se déplace très vite, elle exerce une grande force de poussée. Une crue éclair est une inondation qui se produit très rapidement. L'eau se déplace très vite sur la terre ferme et cause beaucoup de dommages. Une crue éclair peut pousser des voitures. Elle peut même détacher une maison de son sous-sol. La crue peut aussi emporter le sol dont les plantes ont besoin pour pousser.

La force de poussée du vent produit des vagues. Un vent fort produit de grosses vagues qui peuvent être très dangereuses. Ces vagues peuvent détruire des bateaux ou encore des maisons sur le rivage. De très grosses vagues peuvent causer une crue éclair.

« Le vent et l'eau » - Penses-y!

1. Même un vent léger exerce une force de poussée. Dresse la liste de trois choses que tu as vues et qui démontrent la force de poussée du vent.

_____

_____

_____

_____

2. Un sous-sol est un bon endroit où se réfugier quand il y a une tornade. Pourquoi est-ce plus dangereux ailleurs dans la maison?

_____

_____

_____

_____

3. Pourquoi un sous-sol n'est-il pas un bon endroit où se réfugier quand une crue éclair se rapproche?

_____

_____

_____

_____

4. Comment la force de poussée du vent peut-elle produire une inondation?

_____

_____

_____

_____

Jeu d'association des forces

1. Découpe les cartes de cette page, puis mêle-les.

2. Tire une carte. Place-la sur la case appropriée de la page suivante. Place seulement une carte sur chaque case.

3. Continue jusqu'à ce que tu aies placé toutes les cartes.

Exemples de force musculaire	Elles font bouger les objets, les arrêtent, les font changer de vitesse et les font changer de direction.	La gravité
Les aimants en ont deux.	Ils se repoussent.	Une force qui s'exerce quand deux objets se frottent l'un contre l'autre.
Deux forces agissant sans contact	Deux forces de contact	Cette force fait tomber une balle au sol quand tu lances la balle.
Ces objets produisent une friction qui nous empêche de glisser.	Une vague	Un endroit plus sûr dans la maison, au cours d'une tornade
Tu produis ceci quand tu passes un peigne dans tes cheveux.	Ce qu'un aimant attire	Un type de tempête accompagné de vents tourbillonnants

Plateau du jeu d'association des forces

Le sous-sol	La friction	Ce que font les pôles nord de deux aimants quand on les rapproche l'un de l'autre
Des semelles rugueuses	Quand tu pousses et que tu tires avec ton corps	Ce que peut produire la force de poussée du vent
La gravité	Des objets faits de métaux comme le fer et le nickel	La gravité et la force magnétique
De l'électricité statique	La force d'attraction qui provient de la Terre	Une tornade
La friction et la force musculaire	Des pôles	Ce que peuvent faire les forces

Qu'est-ce qu'une structure?

un gratte-ciel

Une *structure* est un objet qui soutient une charge. Un camion peut porter une charge très lourde, comme beaucoup de boîtes. Une charge est quelque chose qui a un certain poids.

Un lit est une structure qui soutient une charge. Quand tu es dans ton lit, c'est toi la charge. Le lit soutient le poids de ton corps.

Une structure a une taille définie

Les structures ont différentes tailles. Un gratte-ciel est une énorme structure. Le gratte-ciel soutient le poids de tous les gens, les meubles et le matériel à l'intérieur.

Un gobelet en papier est beaucoup plus petit qu'un gratte-ciel, mais il constitue aussi une structure. Quand tu remplis le gobelet d'eau, l'eau est la charge. Le gobelet doit pouvoir soutenir le poids de l'eau.

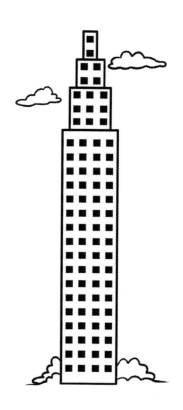

Une structure a une forme définie

Une structure peut avoir un grand nombre de formes. Une bibliothèque est une structure en forme de rectangle. Les bâtiments sont des structures. Pense à toutes les formes que peuvent avoir les bâtiments. Un avion et un hélicoptère sont tous deux des structures qui peuvent voler. Ils ont des formes différentes.

un avion   un hélicoptère

Une structure a une fonction spécifique

Une structure est construite pour servir à quelque chose. Un lit te fournit un endroit moelleux où te coucher et dormir. Une bibliothèque contient des livres. Un camion transporte de grosses charges lourdes d'un endroit à un autre.

« Qu'est-ce qu'une structure? » - Penses-y!

1. Que font toutes les structures?

_____

_____

2. La charge que soutient une structure peut se composer de plusieurs éléments. Par exemple, les gens, les meubles et le matériel font tous partie de la charge d'un gratte-ciel. Nomme deux choses qui pourraient faire partie de la charge de chacune de ces structures.

un avion : _____   _____

un sac à dos : _____   _____

un chariot d'épicerie : _____   _____

3. Quelle charge une planche à roulettes soutient-elle? Quelle est la fonction d'une planche à roulettes?

charge : _____

fonction : _____

_____

4. Une clôture est-elle une structure? Explique ta réponse en te servant de tes propres idées et de l'information tirée du texte.

_____

_____

_____

_____

_____

_____

_____

_____

Les structures dans la nature

On trouve beaucoup de structures dans la nature. En voici deux.

Un arbre

Un arbre est une structure. Il soutient une charge, il a une taille et une forme définies, et il a une fonction spécifique.

On peut facilement voir que tous les arbres ont une taille et une forme définies. Quelle charge un arbre soutient-il? Un arbre doit soutenir le poids du tronc, des branches et des feuilles. Si un arbre ne peut pas soutenir cette charge, il va tomber.

Quelle est la fonction d'un arbre? Un arbre produit des graines afin que d'autres arbres de la même espèce puissent pousser.

un arbre

Une ruche

Les abeilles construisent une maison appelée « ruche ». Une ruche peut abriter des milliers d'abeilles. Les abeilles produisent du miel, et elles conservent le miel dans la ruche.

Une ruche est une structure. Elle a une taille et une forme définie. La charge que la ruche soutient comprend les abeilles et le miel. La fonction d'une ruche est de fournir aux abeilles un abri ainsi qu'un endroit où conserver leur nourriture et où garder leurs œufs en sécurité.

Les ruches sont souvent suspendues à des branches.

Réfléchis bien

Dresse une liste d'autres structures qu'on trouve dans la nature. _____

_____

_____

_____

_____

« Les structures dans la nature » - Penses-y!

1. Beaucoup d'oiseaux construisent des nids. Nomme deux choses qui peuvent faire partie de la charge d'un nid.

   _____   _____

2. Quelle est la forme d'un nid d'oiseau?

   _____

3. Quels sont certains des matériaux qu'un oiseau utilise pour construire son nid?

   _____

   _____

4. Les araignées construisent des toiles. Quelle est l'une des fonctions d'une toile d'araignée?

   _____

   _____

5. Nomme deux choses qui peuvent faire partie de la charge d'une toile d'araignée.

   _____

   _____

6. Les apicultrices et apiculteurs élèvent des abeilles et vendent le miel qu'elles produisent. Ils construisent des ruches particulières où vivent les abeilles. Ce type de ruche est-il une structure naturelle? Pourquoi?

   _____

   _____

   _____

   _____

   _____

   _____

Solidité et stabilité

La solidité

Une structure doit être assez solide pour soutenir sa charge. Une chaise est une structure. La personne qui s'assoit sur la chaise est la charge. Si la chaise n'est pas suffisamment solide, elle se brisera quand une personne s'assoira dessus.

Un gobelet en papier ne doit pas être aussi solide qu'un bâtiment. Le liquide qu'il contient ne pèse pas beaucoup.

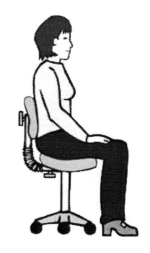

La personne assise sur une chaise est la charge.

La stabilité

On dit qu'une structure est stable quand elle peut se maintenir en équilibre et rester bien en place.

C'est facile de te maintenir en équilibre quand tu te tiens sur tes deux pieds. Te tenir de cette façon te permet de rester stable. Cependant, te maintenir en équilibre quand tu te tiens sur un pied est plus difficile. Tu n'es plus aussi stable. Tu peux te mettre à chanceler; ton corps ne reste donc pas en place.

As-tu déjà essayé d'empiler un grand nombre de pièces d'un cent? Quand la pile est petite (moins de 25 pièces), elle est stable. Elle ne chancelle pas beaucoup quand tu ajoutes des pièces. Lorsque la pile contient environ 40 pièces, elle chancelle beaucoup plus. Une petite pile de pièces d'un cent est plus stable qu'une haute pile de pièces d'un cent.

As-tu déjà essayé d'empiler un grand nombre de pièces d'un cent?

Défi

Pendant combien de temps peux-tu te tenir sur un pied? Fais une compétition avec tes camarades de classe.

« Solidité et stabilité » - Penses-y!

La maman de Jade a construit une marche très simple qui lui permet d'atteindre les objets sur des tablettes élevées. Elle a cloué une planche de bois mince sur deux gros morceaux de bois. Puis elle a grimpé sur la marche.

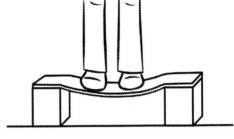

1. La marche a-t-elle l'air solide? Comment le sais-tu?

_____

_____

_____

_____

_____

2. La marche a-t-elle l'air stable? Explique ta réponse.

_____

_____

_____

_____

3. Qu'aurais-pu faire la mère de Jade pour rendre la marche plus solide?

_____

_____

_____

_____

4. Pourquoi est-il important qu'une marche comme celle-là soit stable?

_____

_____

_____

Le choix des matériaux

Quand les gens construisent des structures, ils doivent choisir les matériaux qui conviendront le mieux à leurs structures.

La solidité : Une structure doit être assez solide pour soutenir sa charge. Pour construire une structure solide, il faut utiliser des matériaux solides. La forme ajoute aussi à la solidité.

La flexibilité : Un matériau flexible peut plier sans se briser. La plupart des tremplins plient quand une personne saute dessus. Puis le tremplin reprend sa forme, et cela pousse la personne en l'air.

La durabilité : Un matériau durable est un matériau qui dure longtemps. Un bâtiment fait de blocs de pierre durera plus longtemps qu'un bâtiment fait de bois. La pierre est un matériau plus durable que le bois.

On doit aussi se demander s'il sera facile de modeler le matériau. Du béton ou de l'argile mouillés peuvent être modelés quand on les verse dans un moule. On peut faire fondre l'acier et le verser dans un moule. On peut couper le bois pour lui donner diverses formes. Des machines peuvent couper la pierre pour en faire des blocs. Il est plus difficile de faire d'autres formes avec la pierre.

« Le choix des matériaux » - Penses-y!

1. Le verre est un matériau dont on se sert pour faire des fenêtres. Donne deux raisons pour lesquelles on utilise du verre.

_____

_____

_____

_____

2. Certains bâtiments de pierre du passé sont toujours debout après plus de mille ans. Qu'est-ce que cela te dit au sujet de deux propriétés que possède la pierre?

La pierre est un matériau de construction _____.

(Explique comment tu le sais.)

_____

_____

La pierre est un matériau de construction _____.

(Explique comment tu le sais.)

_____

_____

3. Un soulier est une structure. Les souliers soutiennent une charge (toi). Ils ont une taille et une forme définies, et ils ont une fonction spécifique (protéger tes pieds et faire en sorte qu'ils soient confortables). Pourquoi est-il important d'utiliser des matériaux flexibles quand on fabrique des souliers? Justifie ta réponse.

_____

_____

_____

_____

Expérience : Construire un pont en papier

Comment peux-tu t'y prendre pour rendre solide un pont en papier?

Tu as besoin :

- d'au moins 50 pièces d'un cent
- de feuilles d'un cahier
- de livres
- d'une règle

Marche à suivre :

1. Fais deux piles de livres. Les piles doivent être de la même hauteur. Elles doivent avoir au moins 5 cm de haut et être placées à 15 cm l'une de l'autre.

2. Place une feuille à plat sur les deux piles pour former un pont.

3. Pose des pièces d'un cent sur la feuille, une à la fois. Compte le nombre de pièces que tu peux poser sur la feuille avant que le pont s'écroule. Note tes résultats à la page suivante.

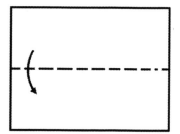

4. Plie la feuille en deux.

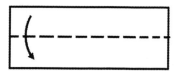

5. Plie la feuille en deux encore une fois. Refais les étapes 2 et 3.

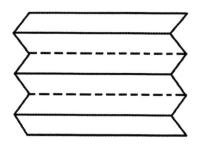

6. Déplis la feuille, puis replie-la comme si tu voulais faire un éventail. Refais les étapes 2 et 3.

« Expérience : Construire un pont en papier » - Observations

Note tes observations dans le tableau ci-dessous.

Étape	Comment était construit le pont	Nombre de pièces d'un cent placées sur le pont avant qu'il s'écroule
3		
4		
5		
6		

Penses-y!

1. Lequel des ponts en papier était le plus solide? Explique pourquoi il était le plus solide, à ton avis.

_____

_____

_____

_____

_____

_____

2. Comment pourrais-tu construire un pont solide avec deux feuilles de papier? Réfléchis à quelques idées, puis fais-en l'essai. Note tes observations dans un tableau sur une autre feuille de papier.

Expérience : Le centre de gravité

Chaque objet a un point précis qu'on appelle « centre de gravité ».

Tente cette expérience pour trouver le centre de gravité d'une règle.

Tu as besoin :

- d'une règle de 30 cm
- de ruban-cache
- d'une gomme à effacer
- d'une ou d'un partenaire

Marche à suivre :

1. Place la règle en équilibre sur ton doigt. (Déplace ton doigt vers la droite ou la gauche pour trouver l'endroit où la règle peut rester en équilibre.) Ce point précis est le centre de gravité de la règle.

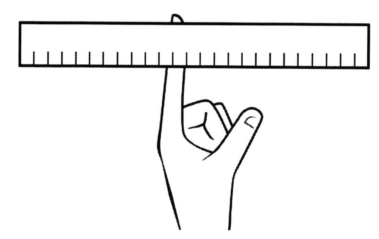

2. Marque le centre de gravité avec un petit bout de ruban-cache. Écris « 1 » sur le ruban-cache.

3. Place une gomme à effacer à 3 cm d'une des extrémités de la règle et fixe-la à la règle.

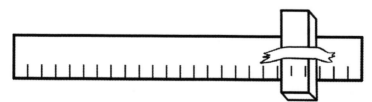

4. Refais les étapes 1 et 2. Cette fois, écris « 2 » sur le ruban-cache pour indiquer le centre de gravité.

« Expérience : Le centre de gravité » - Penses-y!

1. La règle a un différent centre de gravité dans chaque expérience. Sur les dessins de la règle à la page précédente, indique le centre de gravité que tu as trouvé dans les deux cas.

2. Et si tu fixais deux gommes à effacer à une des extrémités de la règle? Le centre de gravité serait-il au même endroit? Explique ta réponse.

_____

_____

_____

_____

3. Une funambule se balance sur un fil. Elle tente de maintenir des assiettes en équilibre sur une perche. Marque l'endroit où se trouverait le centre de gravité à ton avis. Dessine la funambule qui tient la perche.

Fais-en l'expérience!

Avec du ruban-cache, fixe une gomme à effacer sur la règle, à la marque du 15 cm. À ton avis, où sera le centre de gravité? Place la règle en équilibre sur ton doigt. Ta prédiction était-elle juste?

Le centre de gravité des structures

Rappelle-toi l'expérience avec la règle

Tu te rappelles avoir trouvé le centre de gravité d'une règle? Le centre de gravité a changé quand tu as fixé une gomme à effacer à la règle. Sans la gomme à effacer, le centre de gravité était au centre de la règle. Avec la gomme à effacer, il était plus près de l'extrémité où se trouvait la gomme.

Le centre de gravité et la stabilité

Toutes les structures ont un centre de gravité. Lorsque le centre de gravité est bas, la structure est plus stable et elle ne bascule pas facilement.

Si la partie la plus lourde de la structure est à la base, le centre de gravité est bas. Si la partie la plus lourde est près du sommet, le centre de gravité est plus élevé.

Le centre de gravité et les charges

Une structure soutient une charge. La charge peut modifier l'emplacement du centre de gravité. Dans l'expérience que tu as faite avec la règle, la gomme à effacer était la charge. Le centre de gravité de la règle a changé quand tu as ajouté une charge à son extrémité. Le centre de gravité s'est rapproché de la charge.

Un escabeau est une structure. La personne qui grimpe dessus est la charge. Quand une personne se tient sur l'échelon du bas, le centre de gravité est bas. L'escabeau est très stable. Quand la personne se tient sur l'échelon du sommet, le centre de gravité est élevé. L'escabeau peut basculer plus facilement.

« Le centre de gravité des structures » - Penses-y!

Regarde ces dessins de deux vases.

A 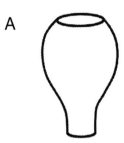   B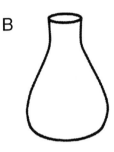

1. Lequel des vases a le centre de gravité le plus bas? Comment le sais-tu?

_____

_____

_____

_____

2. Lequel des vases pourrait basculer le plus facilement? Pourquoi?

_____

_____

_____

_____

3. Pablo s'est acheté une nouvelle bibliothèque. La bibliothèque était accompagnée d'une mise

en garde : « Quand vous placez des livres sur les tablettes, remplissez d'abord les tablettes du

bas, puis les tablettes du haut. » Qu'est-ce qui pourrait se produire si Pablo remplissait d'abord

les tablettes du haut? Pourquoi?

_____

_____

_____

_____

Tension et compression

La tension

Quand tu tires sur les deux extrémités d'un élastique, l'élastique s'étire. Tes doigts le tirent dans deux directions différentes. L'élastique s'allonge.

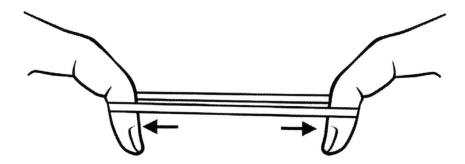

La *tension* est une force de traction qui allonge une partie d'une structure.

La compression

La compression est une force de poussée. Tu vois un exemple de compression quand tu exerces une pression sur une éponge. La compression raccourcit un objet dans la direction où tu le pousses.

La *compression* est une force de poussée qui raccourcit une structure.

La compression et la tension dans les structures

Il est facile de voir comment la tension change un élastique. Tu peux voir l'élastique s'allonger. Il est aussi facile de voir comment la compression change une éponge. La compression et la tension changent aussi les structures. Mais le changement est si petit qu'il est difficile à voir.

« Tension et compression » - Penses-y!

Tu joues au tir à la corde avec tes camarades. L'une des équipes tire une extrémité de la corde, et l'autre équipe tire l'autre extrémité.

1. Quelle force agit sur la corde dans ce jeu? La tension ou la compression? Comment le sais-tu?

_____

_____

_____

_____

2. Qu'arrive-t-il à la corde pendant le tir à la corde?

_____

_____

Une table est une structure. Le poids du dessus de la table pèse sur ses pattes. Les pattes doivent être assez solides pour soutenir le poids du dessus de la table.

3. Quelle force agit sur les pattes de la table? La tension ou la compression? Comment le sais-tu?

_____

_____

_____

_____

4. Quand tu exerces une pression sur un morceau de bois, le morceau devient un peu plus mince. Tu ne peux pas voir le changement. Quand tu exerces une pression aussi forte sur l'éponge, tu peux la voir s'amincir. Pourquoi une éponge devient-elle plus mince que le bois?

_____

_____

_____

_____

La construction d'un toit

Le toit de la plupart des maisons a la forme d'un triangle. Un triangle est une forme solide qui peut soutenir une charge lourde. Quand des ouvriers construisent un toit, ils commencent par construire une charpente formée de triangles.

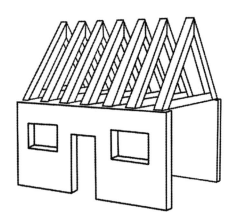

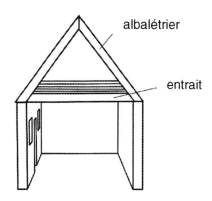

albalétrier

entrait

L'extérieur du toit est recouvert de grandes planches. Les planches sont ensuite recouvertes de tuiles. Les planches et les tuiles sont lourdes. La charpente doit être assez solide pour les soutenir.

Le poids exerce une pression sur le toit. Les coins du toit sont repoussés vers l'extérieur. Le toit pourrait s'écraser. L'entrait retient en place les coins du toit. Il rend le toit beaucoup plus solide et l'empêche de s'écrouler.

Fais-en l'expérience!

Plie trois fois une bande de papier de bricolage ou de carton mince afin de former un triangle. Place le triangle de façon que l'ouverture forme l'un des coins à la base. Imagine que le triangle représente les albalétriers d'un toit qui ne sont pas joints par un entrait. Appuie sur le sommet du triangle. Qu'est-ce qui se produit? Appuie doucement sur les deux côtés en même temps. Qu'est-ce qui se produit? Maintenant, joins les bords du papier ou du carton avec du ruban adhésif. Appuie de nouveau. Comprends-tu pourquoi un entrait rend le toit plus solide?

« La construction d'un toit » - Penses-y!

1. Les maisons construites dans des régions où il y a beaucoup de neige doivent avoir un toit solide. Quelle charge le toit pourrait-il avoir à soutenir?

   _____

   _____

2. Les tuiles d'un toit peuvent durer de 20 à 25 ans. Ensuite, elles doivent être remplacées. Quelle autre charge le toit devra-t-il soutenir pendant que les tuiles sont remplacées?

   _____

   _____

   _____

3. Explique pourquoi un entrait rend la charpente du toit plus solide.

   _____

   _____

   _____

   _____

   _____

4. Le poids des tuiles pèse sur un toit. Cette force de poussée exerce-t-elle une tension ou une compression? Comment le sais-tu?

   _____

   _____

   _____

   _____

   _____

Mots cachés - Les structures

Complète les phrases ci-dessous. Ensuite, tourne la page et trouve chaque mot dans la grille de mots cachés.

1. Une structure joue un rôle particulier. On dit qu'une structure a une

_____ .

2. Une araignée construit une structure appelée une _____ .

3. Une chaise est une structure. La personne assise sur la chaise est la

_____ .

4. Une structure est _____ quand elle peut rester en équilibre.

5. Un matériau de construction _____ durera longtemps.

6. Pour qu'une structure soit stable, son _____ de

_____ doit être bas.

7. Un toit en forme de triangle a une charpente composée de deux éléments. L'un d'eux est

l' _____ et l'autre est l' _____ .

8. Un matériau _____ peut plier sans se briser.

9. La _____ est une force de traction. Elle allonge une structure.

Trouve, dans la grille, les mots utilisés pour compléter les phrases de la page précédente.

T	O	I	L	E	V	D	X	J	B	U	I
I	Z	F	A	O	G	U	W	P	S	Y	M
A	E	T	I	V	A	R	G	R	T	L	Q
R	X	B	Y	C	J	A	Q	S	E	V	C
T	F	L	E	X	I	B	L	E	N	K	H
N	R	G	L	Y	T	L	B	U	S	D	A
E	A	R	B	A	L	E	T	R	I	E	R
V	O	K	A	D	Y	L	I	P	O	Z	G
C	E	N	T	R	E	U	H	Z	N	X	E
A	W	Y	S	F	O	N	C	T	I	O	N

Faits étonnants sur les structures

- Il a fallu environ 20 ans à des centaines d'ouvriers pour construire la Grande Pyramide d'Égypte. La tour CN a été construite en moins de quatre ans.

- Après que la Grande Pyramide a été terminée, elle était la plus haute structure jamais créée par des humains. La Grande Pyramide avait plus de 3 800 ans quand des gens ont enfin construit une structure plus haute.

- L'aigle à tête blanche est un très gros oiseau qui construit un énorme nid. Le plus grand nid d'aigle à tête blanche connu mesure environ 3 m de largeur et 6 m de profondeur.

- Les arbres sont les plus étonnantes structures que l'on trouve dans la nature. Les arbres les plus grands peuvent mesurer plus de 100 m de hauteur, c'est-à-dire qu'ils sont plus élevés qu'un édifice de 30 étages.

Un collage de structures

Découpe des images de structures dans des magazines afin de créer un collage.

Sur une moitié de la page, colle seulement des structures trouvées dans la nature.

Sur l'autre moitié, colle seulement des structures construites par les humains.

Structures trouvées dans la nature

Structures construites par des humains

Chalkboard Publishing © 2012

Pourquoi le sol est-il important?

Voici une devinette pour toi : *Tu peux me trouver partout sur la planète. Je suis habituellement brun foncé. Les plantes poussent en moi. Que suis-je?*

Si tu as répondu « de la terre », tu as raison! Les scientifiques lui donnent le nom de « sol ». Lis plus bas pour savoir pourquoi le sol est important.

De la nourriture pour les humains et les animaux

Les plantes nous fournissent une grande partie de notre nourriture. Les fruits et les légumes proviennent de plantes. Les plantes ont besoin du sol pour croître.

Beaucoup d'animaux obtiennent leur nourriture des plantes. Les écureuils, par exemple, mangent des noix qui poussent dans les arbres. Les arbres ne peuvent pas pousser sans le sol.

Certains animaux nous fournissent de la nourriture. Tu sais que le lait vient des vaches. Les vaches aiment manger beaucoup d'herbe. L'herbe a besoin du sol pour pousser. Si les vaches n'avaient pas d'herbe à manger, elles ne pourraient pas produire du lait.

Des matériaux utiles

Les plantes nous procurent beaucoup de matériaux utiles. Les arbres nous fournissent du bois pour construire des maisons et des meubles. Les scientifiques se servent de certaines plantes pour fabriquer des médicaments. Sans le sol, les arbres et d'autres plantes ne pourraient pas pousser.

Nous utilisons même le sol pour fabriquer des objets utiles. L'argile est un type de sol. Avec l'argile, nous fabriquons des objets comme des assiettes, des bols et des tasses.

Notre magnifique Terre

Les plantes rendent la Terre plus belle. Les forêts, les champs et les jardins sont des endroits où les plantes peuvent pousser. Sans le sol, les arbres ne pourraient pas pousser dans nos forêts, et l'herbe ne pourrait pas pousser dans les champs. Nous avons besoin du sol pour faire pousser des plantes dans un jardin. Les plantes qui rendent la Terre plus belle ont besoin du sol.

« Pourquoi le sol est-il important? » - Penses-y!

1. Pense à un endroit à l'extérieur que tu aimes beaucoup. Choisis un endroit où poussent des plantes. Il s'agit peut-être de ta cour, d'un parc ou de la cour de ton école. Dresse la liste des plantes qui poussent dans le sol.

   L'endroit que j'ai choisi : _____

   Les plantes qui poussent là : _____

   _____

   _____

   _____

2. Nomme deux façons dont le sol aide les gens à se procurer de la nourriture.

   _____

   _____

   _____

   _____

3. Dresse une liste de trois objets dans ta classe qui sont faits de bois.

   _____

   _____

4. Pourquoi devons-nous compter sur le sol pour avoir des objets faits en bois?

   _____

   _____

   _____

5. Dresse une liste de quatre aliments provenant de plantes qui poussent dans le sol.
   (N'oublie pas que les arbres sont des plantes.)

   _____

   _____

De quoi se compose le sol?

On trouve beaucoup d'éléments dans le sol. Ces éléments forment deux catégories : *les êtres vivants* et *les matières non vivantes*.

Les êtres vivants dans le sol

Savais-tu que le sol est rempli d'êtres vivants? Si tu creuses le sol d'un jardin, tu verras probablement des vers de terre. Si tu regardes de plus près, tu pourrais voir de minuscules insectes aussi. Il y a encore beaucoup d'autres êtres vivants dans le sol. Plusieurs sont trop petits pour qu'on les voie.

Les bactéries sont de minuscules créatures qui vivent dans le sol. Elles sont si petites que tu as besoin d'un microscope pour les voir. Dans une poignée de terre, il peut y avoir des milliers et des milliers de minuscules bactéries.

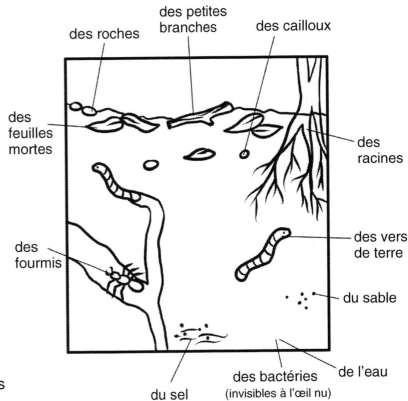

des roches

des petites branches

des cailloux

des feuilles mortes

des racines

des fourmis

des vers de terre

du sable

du sel

des bactéries
(invisibles à l'œil nu)

de l'eau

Les matières non vivantes dans le sol

Les matières non vivantes n'ont jamais été vivantes.

L'eau et l'air sont deux matières non vivantes qu'on trouve dans le sol. Tu ne vois probablement pas l'eau dans le sol. Quand le sol est humide au toucher, il y a de l'eau dedans. Tu ne peux pas voir l'air, mais il y a de l'air dans le sol. L'air remplit les minuscules vides dans le sol.

La roche est une autre matière non vivante qu'on trouve dans le sol. Tu peux trouver de grosses roches ou de petits cailloux dans le sol. Le sol contient aussi de minuscules morceaux de roche, comme du sable.

Parfois, les gens mettent des matières non vivantes dans le sol. Ils ajoutent de l'engrais au sol pour aider les plantes à pousser. Ils vaporisent les plantes pour tuer des insectes nuisibles. Une partie du produit vaporisé pénètre dans le sol. Le sel que les gens répandent dans les rues et sur les trottoirs pour faire fondre la glace en hiver se retrouve dans le sol.

« De quoi se compose le sol? » - Penses-y!

1. Tous les êtres et toutes les matières de la liste se trouvent dans le sol. Écris chaque mot dans la colonne appropriée du tableau.

| feuilles mortes | sable | fourmis | bactéries | air | roche |
| eau | vers de terre | racines | branches | cailloux | sel |

Êtres vivants	Matières non vivantes

2. Où peux-tu trouver de l'air dans le sol?

_____

_____

_____

_____

3. Écris deux faits que tu as appris en lisant le texte.

_____

_____

_____

Les particules dans le sol

Qu'est-ce qu'une particule?

Une particule est un minuscule morceau de quelque chose. Si tu regardes du sable de près, tu peux voir qu'il se compose d'un grand nombre de petits morceaux de roche. Chaque morceau est une particule.

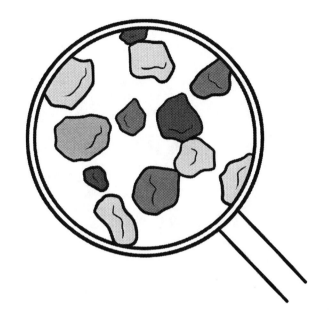

Le sol contient trois types de particules : du sable, du limon et de l'argile.

Le sable - Une particule de sable semble minuscule, mais les particules de sable sont parmi les plus grosses particules dans le sol.

Le limon - Le limon se compose de particules beaucoup plus petites que celles du sable. La boue se compose habituellement de particules de limon.

L'argile - Les particules d'argile sont encore plus petites que les particules de limon. Tu as besoin d'un microscope pour voir une particule d'argile.

Qu'est-ce que la texture?

La texture est l'impression que te donne un objet au toucher. Le papier sablé à une texture rugueuse. Le verre a une texture lisse. Le sable, le limon et l'argile ont des textures différentes. Quand tu les frottes entre tes doigts, les trois matières ont une texture différente.

Particule	Texture
Sable	Quand tu frottes du sable entre tes doigts, tu peux sentir les particules dures. Le sable a une texture gréseuse.
Limon	Les particules de limon ont une texture douce, comme celle de la poudre. C'est parce que les particules de limon sont plus petites que celles de sable.
Argile	Les particules d'argile sèche collent les unes aux autres. L'argile sèche est dure comme du ciment. L'argile humide a une texture lisse et glissante.

« Les particules dans le sol » - Penses-y!

1. D'autres choses sont faites de particules. Tu peux voir les particules quand tu regardes de plus près. Encercle les choses parmi celles ci-dessous qui ont des particules que tu peux voir.

le sucre   **le beurre**   **le lait**

le ketchup   **le sel**   **une boisson en poudre**

2. Tu as cinq sens. Encercle le sens qui te permet de reconnaître la texture d'un objet.

la vue   **l'odorat**   **le toucher**   **l'ouïe**   **le goût**

3. L'argile, le sable et le limon sont trois types de particules qu'on trouve dans le sol. Écris les noms des particules, de la plus petite à la plus grosse.

La plus petite	La moyenne	La plus grosse

4. Imagine que tu as trois gobelets de même taille. Tu remplis un gobelet de limon, le deuxième d'argile, et le troisième de sable.

Quel gobelet contient le plus de particules? Explique ta réponse.

_____

_____

_____

_____

5. Tu as mis des particules de limon dans une assiette, et des particules de sable dans une autre assiette. Comment peux-tu comparer les deux types de particules?

_____

_____

_____

_____

_____

L'air et l'eau dans le sol

Les racines des plantes ont besoin de l'eau et de l'air présents dans le sol. Où peux-tu trouver de l'air et de l'eau dans le sol? N'oublie pas que le sol se compose de particules.

Les vides entre les particules

Tu as un gobelet en plastique transparent rempli de cailloux. Un autre gobelet est rempli de sable. Tu peux voir les vides entre les cailloux dans le premier gobelet. Imagine que les cailloux sont de grosses particules. Les grosses particules ne peuvent pas être proches les unes des autres. Il y a beaucoup d'espace entre les particules.

Les particules de sable sont beaucoup plus petites que les cailloux. Les particules de sable peuvent être proches les unes des autres. Il y a peu d'espace entre les particules. Les particules de sable sont si rapprochées que tu ne peux pas voir les vides entre les particules.

Il y a beaucoup plus d'espace entre les grosses particules qu'entre les petites particules.

de grosses particules

de petites particules

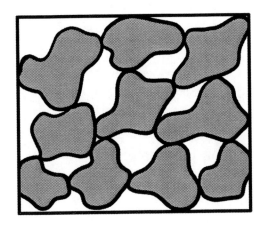

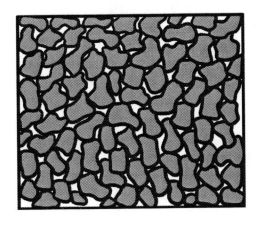

Dans le sol, l'air et l'eau remplissent les vides entre les particules.

Les particules dans le sol

Tu sais déjà que les particules de sable, de limon et d'argile sont de tailles différentes. Les particules de sable sont plus grosses que les particules de limon. L'espace entre les particules de sable est plus grand que l'espace entre les particules de limon.

Quand il y a plus d'espace entre les particules, le sol contient plus d'air et d'eau.

« L'air et l'eau dans le sol » - Penses-y!

Sers-toi de cette histoire pour répondre aux questions 1 et 2.

Zara a deux gobelets de même taille. Elle en remplit un avec de gros cailloux. Elle remplit l'autre avec de petits cailloux. Zara se demande quelle quantité d'eau elle pourra verser dans chaque gobelet. Elle verse de l'eau dans chaque gobelet. Puis elle verse l'eau de chaque gobelet dans une tasse à mesurer pour en mesurer la quantité.

1. Lequel des deux gobelets contenait le plus d'eau? Était-ce le gobelet contenant les petits cailloux ou le gobelet contenant les gros cailloux?

_____

_____

2. Chaque gobelet était rempli de cailloux quand Zara a ajouté de l'eau. Où l'eau est-elle allée dans le gobelet?

_____

_____

Sers-toi de cette histoire pour répondre aux questions 3 et 4.

Simon a deux gobelets de même taille. Le premier est rempli de particules d'argile. Le deuxième est rempli de particules de limon. Simon sait qu'il y a aussi de l'air dans chaque gobelet.

3. Les deux gobelets sont remplis de particules. Où est l'air dans les gobelets?

_____

_____

4. Lequel des deux gobelets contient le plus d'air? Comment le sais-tu?

_____

_____

_____

_____

Expérience : Qu'y a-t-il dans cette terre?

Tente cette expérience pour découvrir ce qu'il y a dans un échantillon de sol.

Tu as besoin :

- d'un pot à confiture transparent aux parois droites (pas trop petit)
- d'une quantité suffisante de terre pour remplir ton pot à moitié
- d'eau
- d'une cuillère ou d'un bâtonnet en plastique

Marche à suivre :

1. Remplis ton pot à moitié de terre. Observe l'apparence de la terre.

2. Ajoute **lentement** de l'eau à ton pot jusqu'à ce qu'il soit presque plein. Observe le pot pendant quelques minutes. Vois-tu des bulles s'échapper de la terre?

3. Mélange bien la terre et l'eau avec la cuillère ou le bâtonnet.

4. Laisse le pot là pendant 2 ou 3 heures. Ne le touche pas et ne le déplace pas.

5. Quand l'eau sur le dessus s'éclaircit, regarde la terre de plus près. (Ne bouge pas le pot, sinon la terre et l'eau vont se mélanger de nouveau.)

« Expérience : Qu'y a-t-il dans cette terre? » - Penses-y!

1. As-tu vu des bulles s'échapper de la terre après que tu as ajouté l'eau?

_____

2. Qu'est-ce qui fait monter les bulles à la surface de la terre?

_____

_____

_____

3. Quelle apparence avait la terre avant que tu ajoutes l'eau? Quelle apparence avait-elle après 2 ou 3 heures? Note toutes les différences que tu as remarquées.

_____

_____

_____

_____

_____

Que s'est-il produit?

- Après que tu as mélangé la terre et l'eau, les particules de terre ont formé des couches.
- Les particules les plus grosses et les plus lourdes sont descendues au fond du pot. Tu vois probablement de tout petits morceaux de roche dans le sable au fond.
- La couche suivante se compose de limon. Les particules de limon sont plus petites et plus légères que les particules de sable.
- S'il y a une autre couche au-dessus de la couche de limon, elle se compose d'argile. Les particules d'argile sont plus petites et plus légères que les particules de limon.
- Y a-t-il de petits morceaux de plantes dans la terre? Ils formeraient la couche supérieure. Ils flottent peut-être à la surface de l'eau.
- L'eau sur la terre est-elle trouble? Si tu as répondu oui, c'est que des particules d'argile flottent dans l'eau.

De l'air et de l'eau pour les racines des plantes

L'arrosage des plantes

Quand tu arroses une plante d'intérieur, l'eau reste à la surface du terreau pendant quelques instants, puis elle pénètre dedans. Si tu mets beaucoup d'eau, une partie de l'eau va s'échapper par un trou au fond du pot. Le terreau reste humide pendant quelques jours, alors tu sais qu'une partie de l'eau est restée dedans. On dit que le terreau retient l'eau.

Quand il pleut ou que tu arroses un jardin, l'eau pénètre dans le sol. Le sol à la surface reste humide pendant quelque temps, alors tu sais que le sol retient une partie de l'eau. Le reste de l'eau pénètre de plus en plus profondément dans le sol.

Comment l'eau se déplace-t-elle dans le sol?

L'eau se déplace par les vides dans le sol, c'est-à-dire les vides entre les particules. L'eau se déplace rapidement dans le sol quand de grands vides séparent les particules. Elle se déplace plus lentement dans les petits vides.

Comment les plantes absorbent-elles l'air et l'eau du sol?

Les racines des plantes s'étendent dans le sol. Les racines ont besoin de l'air et de l'eau que contient le sol. L'air et l'eau se trouvent dans les vides entre les particules. Si les vides sont remplis d'eau, comment les racines se procurent-elles de l'air?

Tu as appris que l'eau pénètre dans le sol. Elle se déplace par les vides entre les particules. L'eau reste pris dans certains vides, alors le sol reste humide. Le reste de l'eau pénètre plus profondément dans le sol et laisse des vides plus haut. Certains vides retiennent l'eau et d'autres contiennent de l'air. Les racines des plantes obtiennent donc de l'air et de l'eau.

« De l'air et de l'eau pour les racines des plantes » - Penses-y!

1. Certaines plantes d'intérieur meurent si on les arrose chaque jour. Pense aux vides dans le sol. Qu'est-ce qui ne peut pas se produire quand il y a trop d'eau dans le terreau?

_____

_____

_____

_____

Sers-toi de cette histoire pour répondre aux questions 2 et 3.

Antonio et Sara ont deux gobelets en papier. Ils font quatre trous dans le fond de chaque gobelet. Antonio remplit son gobelet à moitié de petits cailloux. Sara remplit son gobelet à moitié de sable. Ils versent la même quantité d'eau dans chaque gobelet. Puis ils regardent attentivement pour voir dans quel gobelet l'eau pénètre le plus rapidement.

2. Les vides entre les particules sont-ils plus gros dans le gobelet rempli de petits cailloux ou dans celui rempli de sable?

_____

3. Dans quel gobelet l'eau pénètre-t-elle le plus rapidement? Pourquoi?

_____

_____

_____

_____

4. Imagine que le gobelet d'Antonio contient du limon, et que celui de Sara contient de l'argile. Dans quel gobelet l'eau pénétrera-t-elle le plus rapidement? Pourquoi?

_____

_____

_____

_____

Les éléments nutritifs dans le sol

Que sont les éléments nutritifs?

Les éléments nutritifs sont des substances dont les gens, les plantes et les animaux ont besoin pour grandir et être en santé. Les vitamines sont un exemple d'un élément nutritif dont les gens ont besoin. Nous obtenons des éléments nutritifs des aliments que nous mangeons.

Où les plantes obtiennent-elles des éléments nutritifs?

Les plantes obtiennent des éléments nutritifs des êtres vivants qui se trouvent dans le sol. Les êtres vivants fournissent des éléments nutritifs lorsqu'ils se décomposent. Leurs excréments fournissent aussi des éléments nutritifs. Ce ne sont pas des éléments vivants, mais ils viennent d'animaux vivants. Les animaux laissent leurs excréments sur le sol, et les excréments se mélangent à la terre.

Comment les plantes obtiennent-elles des éléments nutritifs du sol?

Une racine ne peut pas absorber des excréments ou un ver de terre mort. Alors, comment les plantes obtiennent-elles des éléments nutritifs du sol?

Des bactéries dans le sol se nourrissent de créatures mortes, comme un ver de terre mort. En les mangeant, elles libèrent les éléments nutritifs présents dans le corps de la créature. Ces éléments nutritifs se mélangent au sol.

Les gens ajoutent des éléments nutritifs au sol quand ils mettent de l'engrais dans leurs jardins. L'engrais aide les plantes à pousser parce qu'il est rempli d'éléments nutritifs.

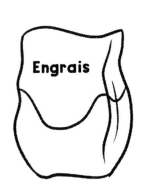

Engrais

Les éléments nutritifs dans le sol se mélangent à l'eau. Quand les racines absorbent l'eau, elles absorbent aussi des éléments nutritifs. Quand le sol est trop sec, les plantes ne peuvent pas absorber les éléments nutritifs présents dans le sol. Les plantes meurent si elles n'obtiennent pas suffisamment d'éléments nutritifs.

« Les éléments nutritifs dans le sol » - Penses-y!

1. Louis creuse le sol de son jardin. Dans le sol, il trouve les choses ci-dessous. Fais un crochet à côté des matières non vivantes.

   ❑ les racines d'une plante   ❑ un caillou

   ❑ un morceau de sac en plastique   ❑ un clou

   ❑ un coléoptère   ❑ un morceau de verre

   ❑ un os que son chien a enterré   ❑ une graine qui germe

2. Les gens mettent de l'engrais dans leurs jardins. Souvent, ils le mélangent à la couche supérieure du sol. Les racines des plantes se trouvent plus profondément dans le sol. Comment les éléments nutritifs de l'engrais peuvent-ils arriver jusqu'aux racines?

   _____

   _____

   _____

   _____

3. Comment les bactéries dans le sol aident-elles les plantes à rester en santé?

   _____

   _____

   _____

   _____

4. Quand elles tondent leur pelouse, certaines personnes laissent les tontes de gazon sur la pelouse. Pourquoi les tontes de gazon aident-elles le gazon qui reste à pousser?

   _____

   _____

   _____

   _____

Chalkboard Publishing © 2012

Trois types de sols

Le sol contient habituellement trois types de particules : du sable, du limon et de l'argile. Ces trois types de particules forment différents types de sols.

Le *sol sablonneux* se compose en grande partie de particules de sable. Ce type de sol absorbe rapidement l'eau. (Quand le sol absorbe rapidement l'eau, on dit qu'il est bien drainé.) Si tu serres un sol sablonneux dans ta main, il ne s'agglomère pas, c'est-à-dire que ses particules ne collent pas les unes aux autres.

Sol sablonneux : surtout des particules de sable

Le *terreau* se compose de sable, de limon et d'argile en quantités égales. L'eau ne pénètre pas aussi rapidement dans ce type de sol que dans un sol sablonneux. Si tu serres du terreau dans ta main, il s'agglomère assez bien.

Terreau : particules de sable, de limon et d'argile en quantités égales

Le *sol argileux* se compose en grande partie de

Sol argileux : surtout des particules d'argile

particules d'argile. C'est dans ce type de sol que l'eau pénètre le plus lentement. Si tu serres un sol argileux dans ta main, il s'agglomère très bien.

L'eau, l'air et les éléments nutritifs

Les plantes ont besoin d'eau, d'air et d'éléments nutritifs. Les éléments nutritifs présents dans le sol se mélangent à l'eau. Les plantes obtiennent des éléments nutritifs quand elles absorbent l'eau.

Si l'eau pénètre dans le sol trop rapidement, les racines n'ont pas le temps d'absorber l'eau et les éléments nutritifs. Certaines plantes ne poussent pas bien dans un sol trop bien drainé.

Si l'eau pénètre dans le sol trop lentement, les vides entre les particules du sol restent remplis d'eau longtemps. Les racines ont beaucoup de temps pour absorber l'eau et les éléments nutritifs. Certaines plantes poussent très bien dans des marais, des lacs et des rivières. D'autres plantes ne poussent pas bien dans un sol trop humide.

« Trois types de sol » - Penses-y!

Sers-toi de cette histoire pour répondre aux questions 1 à 3.

Les plantes du jardin de Marc ne poussent pas bien. Après qu'il a plu, le sol reste humide très longtemps. Marc se demande si le sol de son jardin est bon pour les plantes. Il serre une poignée de terre dans sa main. Elle forme une boule qui ne s'effrite pas.

1. Quel type de sol y a-t-il dans le jardin de Marc? Comment le sais-tu?

_____

_____

_____

_____

2. Pourquoi les plantes de Marc ne poussent-elles pas bien?

_____

_____

_____

3. Quel type de sol aiderait les plantes de Marc à mieux pousser? Pourquoi?

_____

_____

_____

_____

4. La plante de Zoé ne pousse pas bien dans un sol sablonneux. De quoi les racines de sa plante ont-elles le plus besoin? D'air ou d'eau? Comment le sais-tu?

_____

_____

_____

_____

Ces merveilleux vers de terre!

La prochaine fois que tu verras un ver de terre, remercie-le. Pourquoi? Parce que les vers de terre aident le sol et les plantes de plusieurs façons.

Les déjections des vers de terre

Les excréments d'un ver de terre se nomment « déjections ». Qu'est-ce que ces déjections ont de particulier? Elles constituent un excellent engrais pour les plantes.

Les vers de terre mangent le sol parce qu'il contient de petits morceaux de créatures mortes. (Les créatures mortes contiennent beaucoup d'éléments nutritifs.) Les déjections des vers de terre sont remplies d'éléments nutritifs. Ces éléments nutritifs se mélangent facilement à l'eau. Les racines des plantes absorbent les éléments nutritifs mélangés à l'eau.

Parfois, les vers de terre montent à la surface du sol. Ils prennent une bouchée d'herbe et la transportent sous terre pour la manger. Les vers de terre aident à mettre d'autres êtres vivants dans le sol.

Les tunnels des vers de terre

Les vers de terre creusent des tunnels en se déplaçant dans le sol. Les tunnels se remplissent d'air.

Les tunnels font circuler plus d'air dans différentes parties du sol. Les plantes ont besoin d'air, alors les tunnels des vers de terre sont bons pour les plantes.

Les tunnels aident aussi l'eau à pénétrer dans le sol. L'eau peut s'écouler plus facilement par les tunnels. Les tunnels aident l'eau à se rendre plus profondément dans le sol. Cela est très utile pour les plantes qui poussent dans un sol qui retient l'eau plus longtemps.

Maintenant, tu sais pourquoi les jardinières et les jardiniers sont heureux de trouver des vers de terre dans le sol de leurs jardins. Les vers de terre améliorent le sol et aident les plantes à pousser.

« Ces merveilleux vers de terre! » – Penses-y!

1. Réfléchis aux tunnels des vers de terre. Et réfléchis au sol qui retient l'eau. Comment les tunnels aident-ils le sol qui retient l'eau?

_____

_____

_____

_____

2. Il est difficile pour une plante de forcer ses racines dans le sol. Comment les tunnels des vers de terre aident-ils les racines des plantes?

_____

_____

_____

_____

3. Les vers de terre se nourrissent de créatures mortes présentes dans le sol. En quoi cela aide-t-il les plantes?

_____

_____

_____

_____

_____

Le savais-tu?

Les vers de terre semblent gluants parce que leur peau produit une substance glissante. Cette substance aide les vers de terre à creuser le sol pour y faire leurs tunnels.

Le recyclage dans la nature

Les gens recyclent les déchets. Savais-tu que la nature fait aussi du recyclage?

1re étape

Des feuilles, des branches et des aiguilles de pin mortes tombent sur le sol. Les bactéries dans le sol les mangent. Les bactéries libèrent les éléments nutritifs qui se trouvaient dans les matières mortes.

Les vers de terre transportent de petits morceaux de matières mortes sous terre pour les manger. Les déjections des vers de terre contiennent des éléments nutritifs qui se trouvaient dans les matières mortes. Les éléments nutritifs présents dans les déjections se mélangent à la terre.

2e étape

Les éléments nutritifs présents dans le sol se mêlent à l'eau. Les racines des plantes absorbent les éléments nutritifs en absorbant l'eau.

3e étape

Les plantes deviennent plus grosses lorsqu'elles obtiennent de l'air, de l'eau et des éléments nutritifs du sol. Certaines parties des plantes meurent. Ces parties comprennent les feuilles, les branches et les aiguilles de pin.

Penses-y!

Les gens arrosent leurs jardins. Ils mettent de l'engrais sur le sol pour y ajouter des éléments nutritifs. Pourquoi les plantes poussent-elles bien dans la forêt? Il n'y a personne là pour les arroser ou leur donner de l'engrais.

_____

_____

_____

_____

_____

Le compostage

Réduis, réutilise et recycle en compostant!

« Composter » est un terme qui décrit ce que fait une personne qui contrôle la décomposition des déchets organiques. Les déchets organiques comprennent des matières comme les feuilles et les restes de fruits et de légumes. Avec le temps, les déchets organiques se décomposent et se transforment en un sol riche qu'on appelle « compost ». Le compost peut être répandu dans les plates-bandes, mélangé au sol des potagers ou encore répandu sous les arbres et les arbustes et sur la pelouse. Tu peux utiliser du compost partout où tu veux ajouter des éléments nutritifs à la terre.

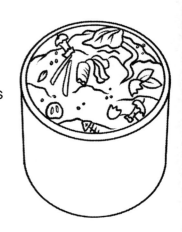

Tu peux placer ton composteur près de ton jardin et d'une source d'eau. De cette façon, tu peux facilement ajouter des déchets organiques à ton compost et le garder humide. Toute une armée de bactéries et d'autres organismes, comme les vers de terre, vont décomposer les déchets. Cette armée a besoin d'air et d'eau pour vivre et travailler.

Le tableau t'indique ce que tu peux mettre et ce que tu ne peux pas mettre dans ton composteur.

Ce que tu peux mettre dans ton composteur	Ce que tu ne peux pas mettre dans ton composteur
• des feuilles • du gazon et des mauvaises herbes • de petits déchets du jardin • des aiguilles de pin • de la cendre de bois • de l'écorce • des écailles de noix • la pelure ou les graines de fruits et de légumes • du marc de café avec le filtre en papier • des poches de thé • de la sciure de bois et des journaux • des essuie-tout • des serviettes en papier	• de la viande • du poisson • des os • des produits laitiers • de l'huile végétale • des matières grasses • des excréments d'humains ou d'animaux • de la cendre de charbon • du plastique • des récipients en verre

« Le compostage » - Penses-y!

1. Comment le compostage aide-t-il à réduire, réutiliser et recycler? Explique ta réponse en te servant de tes propres idées et de l'information tirée du texte.

_____

_____

_____

_____

_____

_____

_____

_____

_____

_____

_____

_____

2. Sur une autre feuille de papier, conçois une affiche informative pour encourager les gens à faire du compostage. Voici une liste de vérification pour ton affiche.

❏ Mon affiche a un titre qu'on peut lire à une distance d'un mètre.

❏ Mon affiche donne au moins trois raisons de faire du compostage.

❏ Mon texte est clair et facile à lire.

❏ J'ai vérifié l'orthographe et la grammaire.

❏ Mon affiche est colorée et comprend des illustrations.

Revoyons le sol

1. Dresse la liste de trois êtres vivants qu'on trouve dans le sol.

_____

2. Dresse la liste de trois matières non vivantes qu'on trouve dans le sol.

_____

_____

3. Le sol contient trois types de particules. Dresse la liste des particules, de la plus petite à la plus grosse.

_____

4. Comment les plantes obtiennent-elles des éléments nutritifs du sol?

_____

_____

5. Quel type de sol est le meilleur pour la plupart des plantes? Est-ce le sol argileux, le terreau ou le sol sablonneux? Pourquoi?

_____

_____

_____

6. Comment les tunnels creusés par les vers de terre aident-ils le sol et les plantes? Donne deux façons. (Te rappelles-tu une troisième façon?)

_____

_____

_____

_____

Spécialiste des sciences!

_____

Tu es formidable!

Excellent travail!

_____

Continue tes efforts!

Vocabulaire des sciences

Domaine étudié : _____

Note les nouveaux mots que tu as appris en sciences. N'oublie pas d'écrire la définition de chaque mot.

Mots	Définition

Évaluation de mon travail

	Je fais mon travail	Je gère mon temps	Je suis les consignes	J'organise mes affaires
SUPER!	• Je fais toujours mon travail au complet et avec soin. • J'ajoute des détails supplémentaires.	• Je termine toujours mon travail à temps.	• Je suis toujours les consignes.	• Mes affaires sont toujours en ordre. • Je suis toujours prêt(e) et disposé(e) à apprendre.
CONTINUE!	• Je fais mon travail au complet et avec soin. • Je vérifie mon travail.	• Je termine généralement mon travail à temps.	• Je suis généralement les consignes sans qu'on me les rappelle.	• Je trouve généralement mes affaires. • Je suis généralement prêt(e) et disposé(e) à apprendre.
ATTENTION!	• Je fais mon travail au complet. • Je dois vérifier mon travail.	• Je termine parfois mon travail à temps.	• J'ai parfois besoin qu'on me rappelle les consignes.	• J'ai parfois besoin de temps pour trouver mes affaires. • Je suis parfois prêt(e) et disposé(e) à apprendre.
ARRÊTE!	• Je ne fais pas mon travail au complet. • Je dois vérifier mon travail.	• Je termine rarement mon travail à temps.	• J'ai besoin qu'on me rappelle les consignes.	• Je dois mieux organiser mes affaires. • Je suis rarement prêt(e) et disposé(e) à apprendre.

Grille d'évaluation - Sciences

	Niveau 1 Rendement inférieur aux attentes	Niveau 2 Rendement se rapproche des attentes	Niveau 3 Satisfait les attentes	Niveau 4 Surpasse les attentes
Connaissance des concepts	• L'élève démontre une compréhension limitée des concepts. • L'élève donne rarement des explications complètes. • L'élève a besoin de beaucoup d'aide de la part de l'enseignant(e).	• L'élève démontre une compréhension satisfaisante de la plupart des concepts. • L'élève donne parfois des explications appropriées mais incomplètes. • L'élève a parfois besoin de l'aide de l'enseignant(e).	• L'élève démontre une grande compréhension de la plupart des concepts. • L'élève donne habituellement des explications complètes ou presque complètes. • L'élève a besoin de peu d'aide de l'enseignant(e).	• L'élève démontre une compréhension solide de presque tous les concepts. • L'élève donne presque toujours des explications appropriées et complètes, sans aide. • L'élève n'a pas besoin de l'aide de l'enseignant(e).
Mise en application des concepts	• L'élève établit des liens entre les concepts et le monde réel avec beaucoup d'aide de la part de l'enseignant(e). • L'élève met rarement les concepts en application de manière appropriée et précise.	• L'élève établit des liens entre les concepts et le monde réel avec l'aide de l'enseignant(e). • L'élève met parfois les concepts en application de manière appropriée et précise.	• L'élève établit des liens entre les concepts et le monde réel avec peu d'aide de l'enseignant(e). • L'élève met habituellement les concepts en application de manière appropriée et précise.	• L'élève établit, sans aide, des liens entre les concepts et le monde réel. • L'élève met presque toujours les concepts en application de manière appropriée et précise.
Communication écrite des idées	• L'élève utilise peu le processus de la pensée critique pour exprimer ses idées. • Peu de ses idées sont bien organisées et efficaces.	• L'élève utilise parfois le processus de la pensée critique pour exprimer ses idées. • Certaines de ses idées sont bien organisées et efficaces.	• L'élève utilise bien le processus de la pensée critique pour exprimer ses idées. • La plupart de ses idées sont bien organisées et efficaces.	• L'élève utilise efficacement le processus de la pensée critique pour exprimer ses idées. • Ses idées sont toujours bien organisées et efficaces.
Communication orale des idées	• L'élève utilise rarement la terminologie appropriée dans les discussions.	• L'élève utilise parfois la terminologie appropriée dans les discussions.	• L'élève utilise habituellement la terminologie appropriée dans les discussions.	• L'élève utilise presque toujours la terminologie appropriée dans les discussions.

Remarques : _____

_____

Domaine des sciences _____

Nom de l'élève	Connaissance des concepts	Mise en application des concepts	Communication écrite des idées	Communication orale des idées	Note générale

Module : Les plantes – Croissance et changements

De quoi les plantes ont-elles besoin? pages 2-3

1.

	Plantes	Personnes
Eau	X	X
Sommeil		X
Air	X	X
Sol	X	
Chaleur	X	X

2. Les rayons du soleil qui entrent par la fenêtre fournissent aux plantes la lumière et la chaleur dont elles ont besoin.
3. Les racines n'ont pas assez de place pour s'étendre.
4. Les réponses varieront.

Les parties d'une plante, pages 4-5

1.

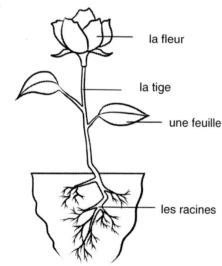

la fleur

la tige

une feuille

les racines

2. la tige
3. une racine
4. la fleur
5. les racines et les feuilles
6. la fleur
7. la tige
8. la fleur

Les parties d'une fleur, pages 6-7

1. Le pétale - plus d'un; le sépale - plus d'un; l'étamine - plus d'une; le pistil - un
2. Les fleurs produisent une poudre appelée « pollen ». La poudre se trouve au sommet d'une étamine. Une fleur peut produire des graines quand le pollen se dépose sur le sommet du pistil.

3. Les insectes transportent le pollen de l'étamine au pistil (la pollinisation) afin que la fleur puisse produire des graines.

Le cycle de vie d'une plante, pages 8-9

1. Les étiquettes à partir du sommet : la graine, le germe, le jeune plant, le plant adulte, la plante avec fruit

Expérience : Observer des graines qui poussent, pages 10-12

1-4. Les prédictions varieront. Rappelez aux élèves qu'ils doivent comparer les résultats à leurs prédictions aux moments appropriés.
5. Le plant que produit la graine a besoin de lumière et de chaleur.
6. Exemples de réponses : tournesol, citrouille, noix, fraise, framboise, tomate

Comment les plantes, les animaux et les gens obtiennent de l'énergie, pages 13-14

1. Du Soleil
2. Les plantes utilisent l'énergie pour pousser, pour produire des fleurs et des fruits, et pour fabriquer leur nourriture.
3. Les gens utilisent l'énergie pour grandir et pour bouger.
4. La vache mange les plantes, qui ont obtenu de l'énergie du Soleil.
5. Exemples de réponses : Fruits - pomme, banane, bleuet, melon d'eau; Légumes - brocoli, carotte, céleri, laitue

Les graines se dispersent, pages 15-16

1. Le vent souffle sur le petit parachute duveteux et transporte ainsi ainsi la graine loin du pissenlit.
2. Le vent peut transporter la graine loin de l'érable.
3. Les gens peuvent planter des graines à différents endroits. Ils peuvent vendre ou donner des graines à des gens de différents endroits.

L'entraide, pages 17-18

1. plantes, animaux 2. plantes, gens 3. plantes, animaux
4. gens, plantes 5. plantes, gens 6. animaux, plantes
7. animaux, plantes

Cultiver des plantes alimentaires, pages 19-20

1. Les plantes ont besoin d'espace pour leurs racines et pour obtenir suffisamment de lumière.
2. Les légumes peuvent pousser dans des serres en hiver.
3. Ils ne sont pas transportés de loin ni achetés en épicerie. Ils peuvent être mangés peu après leur cueillette.
4. Les réponses varieront. Amenez les élèves à nommer des aliments fabriqués surtout à partir de plantes, comme le pain, la sauce à spaghetti, les céréales et les soupes.

Les parties d'une plante - J'ai mangé ça? page 21

chou-fleur : fleur; oignon : bulbe; laitue : feuille; poire : fruit; melon : fruit; betterave : racine; pois : graines; citron : fruit; courgette : fruit; maïs : graine; carotte : racine; aubergine : fruit; asperge : tige; pomme : fruit

Interrogation sur les plantes, page 23

1. fleur, fruit, feuille
2. pétale, pistil
3. graine, germe
4. fumier
5. fruit, ferme
6. eau, espace
7. fleur, fruit
8. énergie
9. verger, potager

Module : Forces et mouvement

Que peuvent faire les forces? pages 24-25

1. traction
2. poussée
3. poussée
4. traction
5. Cannelle tire sur la laisse pour faire courir Tanya. Tanya tire sur la laisse pour retenir Cannelle. Cannelle tire sur Tanya et lui fait traverser le jardin.
6. De la marche à la course (deux fois) et de la course à la marche.
7. Cannelle force Tanya à quitter le trottoir et à courir dans le jardin de M. Lee.

La force gravitationnelle, pages 26-27

1. La gravité t'attire vers le sol.
2. Tu vas plus vite près du bas. Tu peux sentir le changement de vitesse.
3. Sans la gravité, le jus ne sortirait pas du contenant.
4. La gravité retient les roues du vélo sur le sol et elles peuvent ainsi exercer une poussée sur le sol.

La force des aimants, pages 28-29

1. s'attirer
2. se repousser
3. s'attirer
4. se repousser
5. La force magnétique peut faire bouger un objet. La force magnétique peut faire changer de direction un objet qui bouge.

La force de friction, pages 30-31

1. Sur la serviette
2. La serviette a une surface rugueuse, alors que le dessus de la table a une surface lisse. La force de friction est plus grande sur une surface rugueuse que sur une surface lisse.
3. La friction est plus forte quand tu frottes deux feuilles de papier sablé l'une contre l'autre. Le papier sablé a une surface rugueuse et il est plus difficile de frotter des feuilles de ce papier l'une contre l'autre.
4. La friction est plus forte sur une route de gravier, qui est plus rugueuse qu'une surface revêtue.

Comment la friction nous aide, pages 32-33

1. Les bas sont plus dangereux dans l'escalier parce que la friction est plus forte avec les semelles de souliers.
2. Les pneus d'hiver parce que leur force de friction est plus grande sur les routes glacées.
3. La surface plus rugueuse des pneus d'hiver ralentit les voitures. Il n'est pas nécessaire d'avoir des pneus d'hiver quand il n'y a ni neige ni glace.

Une journée de neige, pages 34-35

1. Gravité
2. Force musculaire
3. Friction
4. Force magnétique
5 et 6. Exemples de réponses : Le lait versé sur les céréales de Rémi. Les flocons de neige qui tombent du ciel. Les objets ne flottent pas dans les airs.
7 et 8. Exemples de réponses : Maman soulève et penche le contenant de lait. Kim tire la liste d'épicerie de dessous l'aimant. Kim écrit sur la liste d'épicerie. Maman prend Rémi dans ses bras. Maman pousse le bol de céréales de Rémi. La force musculaire fait bouger nos corps.

Forces de contact et forces agissant sans contact, pages 36-37

1. Forces de contact : friction, force musculaire; Forces agissant sans contact : force magnétique, gravité
2. Non, les forces agissant sans contact continuent d'agir quand il y a contact entre les objets. La force magnétique retient l'épingle sur l'aimant lorsque les deux sont en contact. Un caillou ne flotte pas dans les airs parce que la gravité l'attire, même quand le caillou touche la Terre.

Expérience : La force électrostatique, pages 38-39

1. Une force de traction parce qu'elle attire l'eau vers le peigne.
2. Une force agissant sans contact parce que l'électricité statique dans le peigne attire l'eau sans la toucher.
3. Un aimant n'attire que le fer et le nickel.
   Fais-en l'expérience! Les élèves remarqueront peut-être

que quelques-uns des morceaux de papier d'aluminium changent de place, que d'autres se soulèvent et que d'autres encore sautent vers le peigne et y collent.

Le vent et l'eau, pages 40-41

1. Exemples de réponses : Les feuilles détachées des arbres par le vent, les arbres qui plient, les drapeaux qui flottent, les cerfs-volants qui volent, les chapeaux qui s'envolent, les rideaux qui bougent, les longues herbes ou les tiges qui bougent dans les champs, les nuages qui se déplacent dans le ciel.
2. Une tornade peut faire tomber les murs et briser les fenêtres d'une maison, ce qui peut blesser les gens à l'intérieur. Un sous-sol est situé sous terre. Le vent ne peut donc pas faire tomber ses murs.
3. Un sous-sol se remplirait vite d'eau durant une crue éclair.
4. Des vents très forts produisent de grosses vagues et les poussent vers le rivage. De grosses vagues peuvent emporter suffisamment d'eau sur la terre ferme pour causer une inondation.

Jeu d'association des forces, pages 42-43

Cartes de jeu	Case correspondante sur le plateau
Une force qui s'exerce quand deux objets se frottent l'un contre l'autre	La friction
Un endroit plus sûr dans la maison, au cours d'une tornade	Le sous-sol
Un type de tempête accompagné de vents tourbillonnants	Une tornade
Une vague	Ce que peut produire la force de poussée du vent
Exemples de force musculaire	Quand tu pousses et que tu tires avec ton corps
La gravité	La force d'attraction qui provient de la Terre
Les aimants en ont deux.	Des pôles
Ils se repoussent.	Ce que font les pôles nord de deux aimants quand on les rapproche l'un de l'autre
Ces objets produisent une friction qui nous empêche de glisser.	Des semelles rugueuses
Elles font bouger les objets, les arrêtent, les font changer de vitesse et les font changer de direction.	Ce que peuvent faire les forces

Cette force fait tomber une balle au sol quand tu lances la balle.	La gravité
Deux forces de contact	La friction et la force musculaire
Deux forces agissant sans contact	La gravité et la force magnétique
Ce qu'un aimant attire	Des objets faits de métaux comme le fer et le nickel
Tu produis ceci quand tu passes un peigne dans tes cheveux.	De l'électricité statique

Module : Stabilité et structures

Qu'est-ce qu'une structure? pages 44-45
1. Elles soutiennent une charge.
2. Exemples de réponses : Avion - passagers et cargaison; Sac à dos - manuels et nourriture; Chariot d'épicerie - produits et petit enfant
3. Charge - personne; Fonction - transport et figures acrobatiques
4. Oui, parce qu'elle soutient une charge (le poids des matériaux qui la composent), elle a une taille et une forme définies, et elle a une fonction spécifique (empêcher les gens ou les animaux d'entrer ou de sortir d'un endroit)

Les structures dans la nature, pages 46-47
1. Exemples de réponses : oiseaux, œufs, matériaux utilisés pour construire le nid
2. rond, en forme de bol
3. Exemples de réponses : branchettes, herbe, mousse, ficelle, plumes, boue
4. Exemples de réponses : attraper des insectes pour se nourrir, maison de l'araignée
5. Exemples de réponses : araignée, insectes pris dans la toile, fils formant la toile
6. Non, parce que cette ruche a été construite par des humains

Force et stabilité, pages 48-49
1. Non, parce que le morceau du dessus plie et pourrait se briser
2. Oui; les deux morceaux de bois qui soutiennent la marche sont de la même hauteur, alors la marche ne chancelle pas quand quelqu'un se tient dessus.
3. Ajouter un autre morceau de bois ou utiliser un morceau plus large
4. Pour empêcher une personne de tomber et de se blesser

Le choix des matériaux, pages 50-51

1. Le verre est transparent et résiste au vent.
2. Durable parce qu'elle peut durer plus d'un millier d'années. Solide parce qu'elle peut soutenir d'autres parties de l'édifice très longtemps
3. Plus confortable pour les pieds des gens et plie facilement pour faciliter les mouvements de la marche

Expérience : Construire un pont en papier, pages 52-53

1. La feuille pliée en forme d'éventail est la plus solide. Ses nombreux plis la rendent plus solide.
2. Certains élèves construiront les ponts comme dans l'expérience, mais en utilisant les deux feuilles. D'autres élèves pourraient utiliser la deuxième feuille sous forme de triangle ou d'arc pour ajouter de la solidité à la partie du pont qui se trouve entre les deux piles.

Expérience : Le centre de gravité, pages 54-55

1. La règle seule : centre; La règle avec gomme à effacer : un peu plus près de la gomme à effacer
2. Non, il serait plus près des gommes à effacer.
3. L'endroit marqué devrait se situer plus près de la pile plus lourde.

Le centre de gravité des structures, pages 56-57

1. Le vase B parce que la partie plus large (près de la base) est plus lourde que la partie étroite.
2. Le vase A parce que son centre de gravité est plus élevé (la partie plus lourde est près du sommet).
3. La bibliothèque pourrait basculer si la plus grande partie du poids était au sommet.

Tension et compression, pages 58-59

1. Tension parce que les gens tirent
2. Elle s'allonge.
3. Compression parce que le poids du dessus de la table appuie sur les pattes
4. Le bois est plus dur.

La construction d'un toit, pages 60-61

1. De la neige
2. Les ouvriers et leurs outils
3. L'entrait maintient les arbalétriers en place, ce qui empêche le toit de s'effondrer.
4. Compression parce qu'il s'agit d'une force de poussée

Mots cachés - Les structures, pages 62-63

1. fonction
2. toile
3. charge
4. stable
5. durable
6. centre, gravité
7. arbalétrier, entrait
8. flexible
9. tension

Module : Le sol et l'environnement

Pourquoi le sol est-il important? pages 65-66

1. Exemples de réponses : Ma cour. Arbres, gazon, mauvaises herbes, fleurs, arbustes
2. Les fruits et les légumes poussent dans le sol. Certains des animaux qui nous fournissent de la nourriture, comme les vaches, ont besoin de manger des plantes qui poussent dans le sol.
3. Exemples de réponses : crayons, règles, pupitres, tables, papier, livres, étagères
4. Le bois vient des arbres. Les arbres ont besoin du sol pour pousser.
5. Exemples de réponses : fraises, pommes, carottes, maïs, pêches, pain, pommes de terre, pois, tomates, oranges, pamplemousses, raisins, concombres, laitue, framboises, noix

De quoi se compose le sol? pages 67-68

1. Êtres vivants : fourmis, racines, bactéries, vers de terre, feuilles mortes. Matières non vivantes : eau, sable, air, cailloux, roche, sel
2. L'air se trouve dans les minuscules vides dans le sol.
3. Les réponses varieront.

Les particules dans le sol, pages 69-70

1. sucre, boisson en poudre, sel
2. le toucher
3. La plus petite : argile; La moyenne : limon; La plus grosse : sable
4. Le gobelet rempli d'argile contient le plus de particules parce que les particules d'argile sont les plus petites. On peut donc en mettre plus dans le gobelet.

5. Frotte chaque type de particule entre tes doigts et remarque l'impression qu'elle te donne au toucher.

L'air et l'eau dans le sol, pages 71-72
1. Le gobelet avec les gros cailloux.
2. L'eau s'est infiltrée dans les vides entre les cailloux.
3. L'air est dans les vides entre les particules.
4. Le gobelet rempli de particules de limon contient le plus d'air. Il y a plus d'espace pour l'air entre les particules de limon parce que ces particules sont plus grosses que les particules d'argile.

Expérience : Qu'y a-t-il dans cette terre? pages 73-74
1. Les élèves pourraient remarquer ou non des bulles.
2. L'air qui remplit les vides entre les particules dans le sol s'élève vers la surface.
3. Le mélange était probablement uniforme au départ, puis a formé des couches.

De l'air et de l'eau pour les racines des plantes, pages 75-76
1. L'eau repousse l'air hors des vides entre les particules. Les racines n'ont donc plus accès à l'air.
2. Il y a de plus grands vides entre les particules dans le gobelet contenant des cailloux.
3. L'eau pénètre plus rapidement dans le gobelet contenant les cailloux parce qu'il y a de plus grands vides entre les particules.
4. L'eau pénétrera plus rapidement dans le gobelet d'Antonio. Les particules de limon sont plus grosses que les particules d'argile. Il y a donc de plus grands vides entre les particules de limon.

Les éléments nutritifs dans le sol, pages 77-78
1. Un morceau de sac en plastique, un caillou, un clou, un morceau de verre
2. Quand il pleut ou quand les gens arrosent leurs jardins, les éléments nutritifs que contient l'engrais se mêlent à l'eau, et l'eau s'infiltre dans le sol jusqu'aux racines.
3. Les bactéries libèrent dans le sol les éléments nutritifs que contiennent les plantes et les animaux morts. Les plantes absorbent les éléments nutritifs après que ceux-ci se sont mêlés à l'eau.
4. Les tontes de gazon contiennent des éléments nutritifs dont le gazon a besoin pour pousser.

Trois types de sols, pages 79-80
1. Le sol argileux parce qu'il retient l'eau plus lontemps et qu'il s'agglomère très bien quand on le presse.
2. Les racines n'obtiennent pas assez d'air.
3. Le terreau parce que l'eau s'y écoule vite et qu'il retient l'humidité.
4. Les racines ont besoin de plus d'eau. Un sol sablonneux est bien drainé; les racines n'ont donc pas le temps d'absorber l'eau.

Ces merveilleux vers de terre! pages 81-82
1. Les tunnels drainent le sol plus rapidement.
2. Les racines peuvent s'étendre dans les tunnels des vers de terre.
3. Les vers de terre libèrent dans le sol les éléments nutritifs présents dans les choses mortes en y laissant leurs déjections.

Le recyclage dans la nature, page 83
Dans la forêt, les plantes obtiennent l'eau de la pluie, et les éléments nutritifs des choses mortes et des excréments d'animaux (comme les déjections).

Le compostage, pages 84-85
1. Les réponses varieront.

Revoyons le sol, page 86
1. Exemples de réponses : vers de terre, insectes, bactéries
2. Exemples de réponses : eau, air, roche, engrais, pesticide
3. Argile, limon, sable
4. Les racines absorbent les éléments nutritifs qui se sont mêlés à l'eau.
5. Le terreau est le meilleur type de sol pour la plupart des plantes parce qu'il ne laisse pas l'eau s'écouler trop vite ni trop lentement.
6. Les tunnels des vers de terre forment des vides pour l'air, aident l'eau à s'écouler et permettent aux racines de s'étendre plus facilement et plus profondément dans le sol.